中国之旅

〔德〕史岱帆 · 舒曼 Stefan Schomann 著
朱谅谅 译

创于1897
商务印书馆
The Commercial Press

图书在版编目（CIP）数据

中国之旅 /（德）舒曼著；朱谅谅译．—北京：商务印书馆，2020
ISBN 978-7-100-19027-5

Ⅰ．①中… Ⅱ．①舒… ②朱… Ⅲ．①中华文化—介绍 Ⅳ．① K203

中国版本图书馆 CIP 数据核字（2020）第 174553 号

中国之旅
〔德〕史岱帆·舒曼 Stefan Schomann 著
朱谅谅 译

商 务 印 书 馆 出 版
（北京王府井大街 36 号 邮政编码 100710）
商 务 印 书 馆 发 行
北 京 冠 中 印 刷 厂 印 刷
ISBN 978 - 7 - 100 - 19027 - 5

2020 年 12 月第 1 版 开本 880 × 1240 1/32
2020 年 12 月北京第 1 次印刷 印张 5 1/8
定价：36.00 元

献给　吴辉

#目录

然而，不得不说，中国是一个未被理解的，甚至可以说是不为人熟知的国家。

——费迪南德·冯·李希霍芬

吾欲历此熙攘

北京序言

摄于北京

北京西客站是全中国的心脏。无论列车是驶向城郊还是遥远的香港，是从西安还是从四川驶入，都无一例外地人满为患。西客站也是如此，熙熙攘攘，人声鼎沸。也许您会说，这也没什么大不了的，汉堡火车总站人流量也很大。但如果较之北京西客站，汉堡火车总站可以称得上是世外桃源。只有在所有汉堡市民在同一时间涌向汉堡火车总站时，您也许才会明白北京西客站到底是怎样的一种状态。

西客站入口和出口的人流众多，来来往往的人络绎不绝，但一般来说都挺有秩序，中国人并非蛮族，只是灵活、能量满满且人数众多而已。如果您遵循“女士优先”的原则，让一位被挤得不能动弹的女士先通过，那就意味着您还得让其他三十个人先通过：男人、女人、小孩、行李箱、纸箱等等。在西客站展现您的绅士风度，意味着您将停滞不前。您别等着空隙的出现，等您看到空隙时，便已太迟了。在出现空隙前采取行动，才是正道。

西客站每个候车室的规模都与一个大教堂相仿。候车室座位很多，只不过您不会有座位。如果有，那您可能没去对候车室，或者您的火车已经开走了。候车室指示牌上的拥挤与地面上的拥挤是一致的，上面的字也是紧挨在一起，红色字体排成条状。对来自遥远的西方的访客来说，这些字条不知为何物，只有上面的数字能为眼睛提供帮助。3871！眼睛像对着老朋友那样对着数字打招呼，特别是当该数字与您车票上的数字一致时。对，

3871。如果您想在这里获得初次融入中国的体会，无须踏上出行的列车，只要混入人群中就好，人群的洪流将会带给您一次洗礼。

从火车站出来，您便可以乘坐那众多出租车中的一辆，去往那众多景点中的一处。最大也是最令人吃惊的景点莫过于北京的交通了。这里将是您的第二次融入。您的出租车司机乍一看是个再普通不过的人，穿着条纹衬衫，套着皮夹克，但其实他是出租行业的大师。与中国所有汽车司机一样，他也是个眼观八方的能手，见缝插针的本领与西客站的乘客不相上下。

作为一个货真价实的出租车司机，他喜欢听车载收音机里的广播剧和评书，这吸引了他全部的注意力，开车只是下意识的行为。那意义何在？是为了在车轮上上演杂技好戏！否则根本无法解释他是如何一次又一次巧妙地避开周边疾驰的竞争者，就算他们非常粗暴地见缝插针。他完全不会碰到这些车，总能行云流水，奇迹般地将自己的车瘦身，从不可思议的角度超越这些车，在下一刻又奇迹般地将车增肥，以避免被其他车辆超越。就这样，您离目的地又近了一步，至少到下一个路口是如此。路口车挤车，像是在玩橄榄球。不过，不到十分钟，短短的十分钟，车流的旋涡又将把您的出租车甩出来。在这十分钟里，您可以听听收音机里的广播剧或评书，也可以翻阅副驾驶后套里（就像飞机里一样）的出租车杂志。

有时，出租车里可能出现高频率的唧唧声，让您摸不着头脑。

您尽可以问问司机是怎么回事，但是当他从夹克口袋里掏出一个装有一只硕大的蟋蟀的果酱罐时，您可不要被吓到了。蟋蟀俗称蛐蛐，而车里的这只蛐蛐叫得那个起劲，像是要让戈壁滩的人也听到。大约是因为只能活百日，故而不甘沉默。每天早上，主人都会用羊肉和胡萝卜来喂养它。随之，蛐蛐的主人——出租车司机会开始给您普及养蛐蛐的各类专业知识，而他关于蛐蛐的音乐知识则会让您咋舌。他会神采飞扬、唾沫横飞地介绍在蛐蛐的叫声中，最美的莫过于女中音，虽然音量也高，但不会太高，而是清亮、音色饱满。蛐蛐每振动一次羽翼，就能听到泛音。接着，司机信誓旦旦地透露道：曾经，北京的贵族就是靠养蛐蛐来消遣打发时间的。而这同时也暗示了他自己的贵族出身。他口袋里的蛐蛐只花了五十元，约七欧元，但也有身价高达万元的尤物蛐蛐。

蛐蛐就这么唧唧地叫着，而它那因其高频率的鸣叫而欢喜自豪的主人则带您驶入了一条胡同——一条被四合院包围着的巷子（现如今，胡同已日渐为高楼大厦所取代了），而这将是您的第三次融入：融入北京的气象奥秘中。为此，您只需要在胡同间走一走，看一看路边的自行车修理铺。这些修车铺一般都是露天的，这也是修车师傅都很擅长预测天气的原因。比如说刘师傅的修车铺，主要由刘师傅构成，此外还有一个工具箱、铺在路边的一块满是油渍的红垫子。汽车修理铺和自行车修理铺的区别仅在于工具的大小。邻居老张推来了一辆坏自行车，刘师傅修着，而邻居老江则在旁边瞧着。时值夏日，屋里太热，他便和从前一样搬来了一个小板凳在外面坐着。这三人已经在这条胡同里生活三四十年了，从没有离开过。他们是典型的老北京，穿着背心，趿拉着拖鞋出门，走起路来从容不迫。身形都很苗条，应该是饮食得当加上经常抽烟这双重作用的结果。

“你们看到西山了吗？”老张惊讶地问道。虽然西山位于北京城区范围内，但以前因为厚厚的大气层而很少能看到。不过，自北京奥运会以来，政府采取了众多改善空气质量和人们生活质量的措施，最起码人们看到西山轮廓的机会是越来越多了。

“月亮也可以看到了！”刘师傅嘴里叼着烟，脖子上围着一条擦汗的毛巾，兴奋地说道：“以前很长时间看不到月亮。”事实上，让月亮重新现身，这也许是北京奥运会的导演们给我们带来的最大特效。它如同一个圆灯笼，发出黄色的光，照耀着北京城。“现在只缺星星了。”老江接过话茬，“不知道我们还能不能活到看到星星的那一天？”

刘师傅说，以前的北京，雨雪下得多，而现在，北京变热了，变干燥了。“这都怪空调。”老江插话道。空调排出的废气让北京的温度上升，更别说其他电子产品了。老江年少时，一年中只有几天是因为热而睡不着觉。直到二十世纪八十年代，大家都是手摇大芭蕉扇来驱热扇风的。九十年代出现了电风扇，然后是现在随处可见的空调。只有那些住在胡同里的贫苦居民，必须在没有空调的条件下度过北京的酷暑，而且胡同里只有公共厕所，供整条胡同的住户使用。

北京城上空经常数日笼罩着一层毛丝鼠灰的厚云层，将天与地隔开。但这与环境污染的关系不大，主要是与北京的地理位置有关，而这众所周知是无法改变的。北京位于亚热带区的北部边缘，受到东部极端气候的影响，夏季亚洲大陆升温厉害，导致在沿海出现热低压，季风袭入热低压区，一种穿透一切、控制一切的闷热则统治着北京城。

接下来便是去那些经典的景点，如故宫、天坛，去各大宏伟的城门，去那拥挤的购物中心，去那烟雾缭绕的寺庙以及无烟的奥运场所。无论您在这些地方遇见了多少人，这些人大都不是北京人。北京人另有一去处——北京图书大厦——北京市中心的一家书店。不，不能说是“书店”，而应该说是“书殿”，一座集世界知识于一身的庙宇。淡季时，北京图书大厦的顾客有六万人，旺季的时候能达到十万人。这不是一个月，而是一天的顾客数。北京图书大厦可以称得上是一座遍布读者的奥运体育馆！而这将是您的第四次融入：中国人的求知欲世界第一。

在这里——这座真正的“人民大会堂”里，您可以买一张明信片，一张印有熊猫在竹林的明信片。熊猫如一尊毛茸茸的佛，独自静坐在竹林沉思。它大约是活在另一个星球上吧。

魅力说书

河南马街书会

摄于河南

李万臣是第一个动身的。去马街的大巴票要七十元人民币，约合十欧元，但他没有这么多钱。于是，他告别了一起生活了五十六年的老母亲，跨上了他那辆“飞鹰”牌自行车——这绝对是村里最旧的自行车，所有人都奇怪它居然还能骑。李万臣就这样蹬着它，在河南的冷风里，蹬了整整七天。他把所有衣服都穿在了身上，鼓绑在了自行车的横杠下。蹬车的时候，鼓也一晃一晃的。到了晚上，他就在农民家留宿，为其表演说书，以抵作住宿费。

李万臣自己也是农民，但他那稀薄的田地产出很少。此外，他也在各个村庄说书，不过很少成功。对于生活的责任和要求，他不大懂。但对于激情，他却是个行家。马街书会是说书行业的大型盛会，他无论如何也要参加。没准儿能在书会上认识什么人，会后请他去说书也未可知，这样不就能挣钱了吗？

下一个出发的是林凤城。他从哈尔滨启程，坐两天火车才能到。他小心地锁好门，因为他三十三楼的这套公寓堆满了古董。他也是说书艺人，而且是中国最受欢迎的说书艺人之一，不但经常在收音机里说书，而且是剧场每周六的特别演出嘉宾。林凤城生于艺术世家，祖母是杂剧演员，父母都有自己的剧团。但在那段特殊时期，剧团的戏服和道具尽毁，全家人饭碗不保。年仅十岁的林凤城便开始在街头展示他的天分——说书，以贴补家用。他现在之所以这么成功，跟这段街头卖艺的经历不无关系。

马街书会开幕的前一天，李大师——李站土也动身了。他是马街书会的老前辈。他从洛阳登上了开往上海的快车，到宝丰要三小时。透过火车车窗，可以看到成块的方格田，也能看到许多的发电厂以及密密麻麻的电线杆。太阳似乎很害羞，时不时在云雾中闪耀。

这是春节假期的最后几天，出行的人很多，李大师有幸买到了一张卧铺票。卧铺车厢的乘客也很多，如同高货架上的货叠加在一起。李大师很快就和乘客们聊起了天儿。他抱怨自己这一行难做。他在一家茶馆说了很多年书，但茶馆现在不要他了，因为年轻漂亮的姑娘们更受欢迎，虽然她们的才艺仅限于跳扇子舞。就算相关文化部门授予了他“大师”的头衔，又有何用？头衔又不能当钱使，用它买不到东西。一阵抱怨过后，李大师打起了瞌睡。

最后一个出发的是赵桃。天刚蒙蒙亮，她就骑着自己的小摩托车上路了。到马街得骑一个半小时。赵桃今年四十岁，在赶书会的人当中算年轻的。她顶着一头红发，脚蹬一双圆鼓鼓的靴子，再配上壮硕的身材，让人觉得她本身就是她故事里的人——一个团体领袖，轻骑兵的领袖。

在宝丰汽车站，赵桃在路边发现了一个同行。她以前从未见过这个人，但他的样子一看就是个说书艺人：手臂挥舞的动作如同在练太极，表情露骨，双眉高扬，手中打着两块半月形的铜板，嘀嗒咯，嘀嗒咯，以引起人们的注意。沈振渚是前一天晚上从青岛飞过来的，拉杆箱还在他旁边。离马街书会会场还有段路，他想先在这里试演一下，好知道当地人能否听懂。因而，他说的是普通话，而不是平常说的山东老家话。他说的故事也源于山东：武松打虎！嘀嗒咯！

赵桃毅然拐进了主街道。马街书会的会场是一片巨大的麦田。昨晚下了些许小雪，使得麦田看起来如同撒上了面粉一般。接下来的两天，它将成为中国最大的舞台，上演各种好戏。

嘟嘟的三轮车、人力车、大巴、自行车流，以及从四面八方涌聚而来的听书人，黏合成了一锅黏稠的糨糊。路边是一排排细细的杨树，摆满了各式冒着热气的小吃摊以及临时搭的货摊。摊主们高声吆喝，叫卖各种洗脸盆、奇效茶以及电热壁炉等。十五年前，赵桃第一次来赶书会时，书摊边的小吃摊屈指可数，但现在这里已然成了一个巨大的年集，有舞台、马戏台帐篷、小吃街，还有游乐园。但仅凭这些，没人会长途跋涉到马街来。来这里的，都是为听书而来。他们是一群凡俗的朝圣者，不是为祈祷，而是为倾听而来。

事实上，马街书会是有其精神内涵的。当地为了纪念道教的火神而建庙，称为火神庙。有庙的地方就有人，有人的地方就有说书的。只不过，说书这项古老的传统在这里成了一项行业峰会。对说书竞赛的最早记载是在七百年前。1863 年，每位赶会的艺人都要给火神进一文香钱。后来一数，一共是二千七百文钱。

火神有六臂，手里挥舞着的是火印和火剑。火神粗暴的形象，与身着蓝黑长袍的司仪及其助手的优雅形成鲜明的对比。与之相对的，是穿着乏味的听书人，都裹着加绒上衣或旧军大衣。

两名健硕的男子开始击打一面拖拉机轮胎大小的战鼓，在欢快的波兰舞曲中，帮手们将铙钹、铜锣等乐器一一在麦场上摆好。接着，鞭炮齐发。中国人喜欢热闹，因为热闹是合群的象征。随后，南腔北调齐开唱，那架势似乎要让北京人也能听见。

以前，开幕式是在黎明时分举行。醒醒！快来！伴随着第一声鸡鸣，说书艺人们便开始了表演。来吧，你们巧舌如簧的时候到了！但如今，在麦田上说书，要想有听众，可不是容易的事。除了旋转木马的背景音乐，还有小商小贩的叫卖声等各种嘈杂声，让人的耳朵应接不暇。再加上还有好些大舞台，各种声音不间断地回响在会场上。像沈振渚这样，是影响力大的民间艺术协会派来的艺术家，便可以在其中一个大舞台上说书。这会儿他还在摆弄着领夹麦克风，不过很快便自信地跨上了舞台，开始了表演："武松被流放，甚想归家。"嘀嗒咯！快板一打，大家便上钩了，都围了上来。武松是个很受欢迎的人物，"武松打虎"的故事人们百听不厌。

话说武松进了个小酒馆。店主人劝他不要再喝了：喝了三碗，便会醉。武松呢，一口气喝了十八碗。店家劝他不要过冈，因为冈上有老虎出没。嘀嗒咯！武松根本不把店家的劝告放在眼里，依然上了冈。老虎本来很高兴又有猎物送上门，却不想来者不善，醉武松只手便送了它的命。

沈振渚身穿紧身立领红上衣，给人一种温文尔雅的感觉。有三百名观众兴致盎然地观看他的表演。他一个人要同时饰演所有的角色：英雄武松、店家、老虎，毫不费力。他刚过而立之年，本职工作是小学教师，但他说起书来却绘声绘色，像是给孩子们讲童话故事一般。大家想象一下：武松一把拽住了老虎的尾巴！这就是马街的秘密：在这里，每个人的童年记忆会被唤醒，与之相随的还有自身的故事。

而在台下熙攘的人群中，李大师搭好了自己的书摊，一位开出租的朋友拉着三胡（一种总是发出哀鸣之声，类似于小提琴的乐器）为他伴奏。和大多数的河南说书艺人一样，他使用的不是金属快板，而是木简板，类似于响板，其震音大到能将整个村庄的人召集起来。嘀嗒咯！嘀嗒咯！大家快来听，我们的故事开始了："话说汉朝历经了诸多动乱，大将军关羽跃上马背……"三十名观众围在李大师的周围。汉朝在一千八百年前就已经寿终正寝，但这并不对说书有任何影响。李大师说得活灵活现，好像关羽将军上周还骑马来过马街似的。在中国人心中，关羽代表着公正和胆量。与欧洲的街头说唱一样，中国的说书也致力于道德说教。而有关关羽的这段说书，其道德含义是：不要坏了规矩。嘀嗒咯！嘀嗒咯！嘀嗒嘀嗒咯！

不远处，李万臣也准备就绪了。但他连书桌也没有，更别说音响了。这也是他为何静等离自己最近的那个舞台午休歇场的原因。终于，舞台上的最后一名艺人——激情澎湃的林凤城表演结束下台了。虽然林凤城秃顶了，但他是这里为数不多不戴帽子的人之一。对他来说，马街的气温像是春天，0℃上下，哈尔滨的温度可是零下20℃。

人差不多了，李万臣开始了自己的表演。他今天说的是《金鸠记》，他老家的一个传说故事。讲的是两个大官，一个正直，一个腐败。李万臣说着说着，将自己也带入了故事中：台词简单好记，节奏又急促，他的兴致越来越高。嘀嗒咯！嘀嗒咯！时刻不忘嘀嗒咯，这样观众才会留在他的摊前。

但是，正当那位正直的官员在树林里抓到一个强盗时，旁边舞台的音响里响起了电影《豪勇七蛟龙》的音乐。虽然舞台暂时空着，但这并不意味着舞台会不发出声音。于是乎，技工们放出了《豪勇七蛟龙》的四重奏。

李万臣不得不绝望地中断自己的说书。“回声这么大，没法说了。”他啐道。他其实也没有很多听众。破旧的行头，加上口音不习惯，对听众产生不了多大的诱惑力。现如今，他要如何才能让哪个村的村委会主任或者哪个工厂的老板请自己去说书呢？

马街的说书艺人如今说的书，大多不外乎几百年前的说书前辈所说的书，这已经进入到了说书人的集体记忆中。最受欢迎的题材都出自中国的四大名著，里面包含了各种民间故事，加上人物众多，说书人取之不尽用之不竭。中国虽然经历了诸多历史变革，但口口相传的传统依然不变，鲜活地存在着。

在一片熙熙攘攘中，《蓝色多瑙河》的音乐响起了：是张满堂的手机在响。这是一个个儿小而朴素的农民，书会的关键人物。他对书会的投入是全身心的。职业说书艺人有县里的人招待，而所有的业余说书艺人以及跑龙套的演员都围绕在张满堂和他儿子张一栋周边。张满堂的儿子负责为他们摄像。这两父子自费建了一间平房，里面铺了床垫，可供五十名艺人过夜。这些艺人们在屋里吹拉弹唱到深夜，依次亮出自己的绝活儿。屋里唯一的取暖源是艺人们自己，还有书桌前的那些小聚光灯。等到大家都表演完了，才各自钻到被褥下，戴上帽子睡觉。

张满堂每年书会都听得很起劲。“打我小时候起，马街书会便是我生活的一部分，”他坦言道，“这个书会一定要继续办下去。”当被问到马街书会是否可以申请进入联合国教科文组织的《世界非物质文化遗产名录》时，他思考了一下后问道：“联合国教科文组织？是不是一个民间艺术协会？”在听到肯定的回答后，他点头说道：“那我们很欢迎它！”

第二天，马街村的人也依旧来赶书会。岁数大的带着折叠小马扎，年纪轻的则拖家带口都来了。冬天是农闲时间，农民们有空。麦田上飞舞着肥皂泡，邻近的发电厂的冷却塔冒出的浓烟在空中形成了卷积云。孩子们大口地吃着棉花糖，抢着去坐旋转木马，而大人们则在棋牌屋或打气球上试运气。听书的人则从一个书摊挪向另一个书摊，随行的还有各类评委。

麦田地逐渐融化，逛一圈书会，等于是打一场泥泞仗。除了说书艺人，书会上还有其他艺人：杂技演员、歌舞演员、乐师、剧团。高台之上，一座“说唱俑”雕像十分引人注目。“说唱俑”击鼓耍乐，惟妙惟肖。这个“说唱俑”是复制品，原物是一件出土的陪葬品，意寓是为死者的最后一程添乐，这是两千多年前的事了。虽然现下充斥着各类现代大众媒体，但说书的魅力至今依旧不减。

两天后，这场盛会结束了。一瞬间，帐篷、支架等都被拆除了，那巨大的冬麦田被踩得一塌糊涂，到处都是塑料垃圾。然而，明年春天，它又将碧绿。

根据宝丰县文化局的消息，有三十万访客、一千五百多名艺人参加了此次书会。闭幕式在宝丰县人民影剧院举行，含歌舞表演及颁奖典礼。沈振渚凭借《武松打虎》获得了十二个奖项中的一个。林凤城也是，哈尔滨的《新晚报》随即在报上对此进行了报道，刊登了整整一个版面。而李大师只能没好气地离开，评委们没有给他颁奖。不过，他被邀请在元宵灯会时去洛阳，在中国最古老的佛教寺庙——白马寺的花园表演。总算是挽回了一点儿颜面！

赵桃被邀请到了焦楼村，一个和马街一样不起眼的村庄。村里的老人大多无法看书写字，这也是说书文化能在这里流传至今的原因之一。说书艺人是变化的媒体，集报纸、收音机、新闻社、独唱艺人的身份于一身。赵桃在这里表演三天，每天表演两次，一次两小时。要表演什么，她早有盘算。她把书摊支在街边的杂货铺旁边。来了一百多名听众，他们的眼神里满是期待和渴望，也没有听听就走，而是一直待在那里听，这便是他们的掌声。

李万臣则不同，没人请他演出，他只好失意地离开，回到老母亲的身边。三天，他大概骑了一半路程。他没有老婆，谁愿意嫁给一个不在乎钱而情愿骑着自行车到处游荡，情愿打鼓说书的男人呢？掌灯时分，他开始为村里留宿他的主人表演。来了很多邻居，金鸠又开始展翅，李万臣的拿手好戏又开始了。

第二天上午，张满堂正在家里，《蓝色多瑙河》的音乐突然又响起了。“喂？”“您好，我姓吴，在平顶山附近给您打电话。这里有个骑自行车的晕倒在了路边，救护车已经在路上了。我们在他的上衣口袋里找到了一张纸条，上面有您的电话号码。现在要怎么办？”

张家父子赶去了医院。是中风，情况不太好。第二天，他们在回去的路上把那辆倒在街边的自行车找了回来，也许朋友李万臣哪一天还要用到它也未可知。事实上，李万臣后来也出院回家了，但几周后便过世了。他留下的东西不多，其中包括张家父子给他摄的像。嗒咯嗒咯嗒咯！

“飞鹰”从此没了主人，孤零零地立在张家的院子里。

太极滑雪

黑龙江亚布力冬季运动

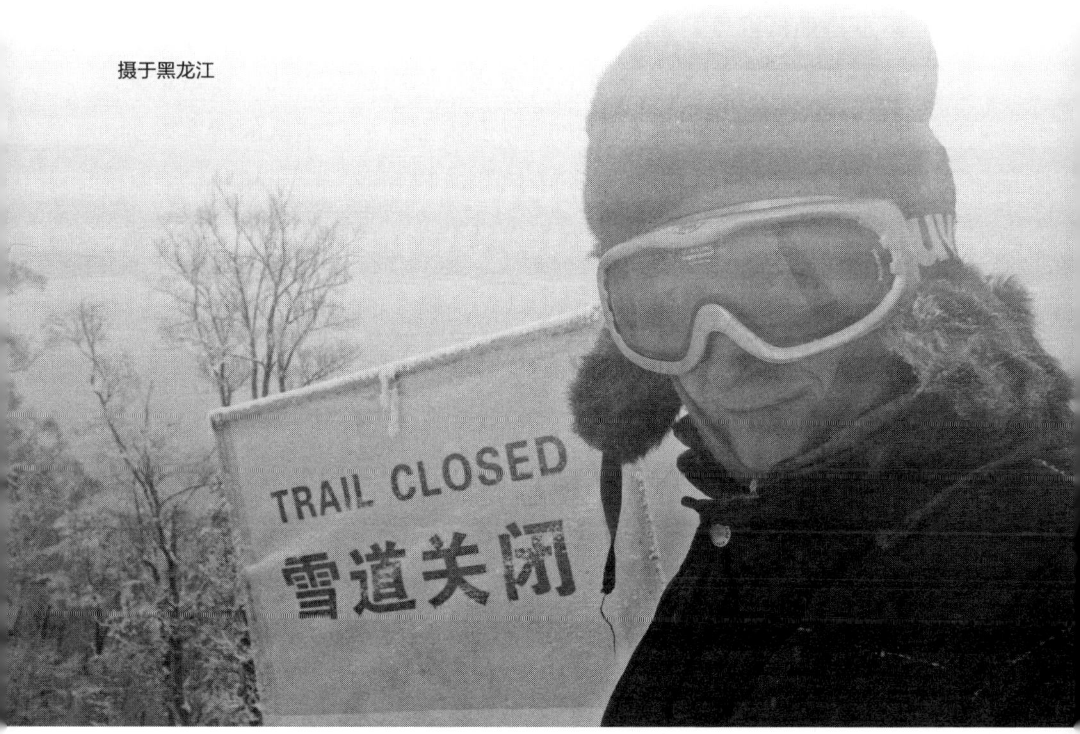

摄于黑龙江

想去中国滑雪？那就先上高速吧！高速现在车还不多，还能畅通前行。当然前提是你的车得持续行驶在车道上，这可不是每个人都能做到的。从哈尔滨去往亚布力——东北的最后方，坐小巴需要三小时。而在这三小时的车程中，已有好几处灾难在静候着我们：这里一辆翻了的运油车，那里一处被撞凹了的护栏，荒无人烟处还有一辆无人驾驶的大轿车。

这一切的罪魁祸首是冬季。作为中国最北的省份，黑龙江的严寒是蛮横无比的，经常持续数周都是零下20℃。注意，这还不是最低温度，最低可达零下50℃。哈尔滨的冰雕为何连续四个月都可供游客观赏而不会融化，原因就在于此。而恰恰是在这个冰窖中，开了一家地中海俱乐部。成群结队的游客蜂拥至此，欢快地将自我放逐至中国“西伯利亚”的边境处，甘于被禁锢在长白山一头的海参崴以及另一头的朝鲜之间。谁会做这样的事？

您会大吃一惊的，小巴司机预言。事实证明，他的话没错。

虽然现在中国有不少冬季运动场，但迄今为止，只有亚布力的滑雪场能大致满足欧洲人对滑雪场的要求。中国的大部分滑雪场都在东北，北京北部的山区有一些小型滑雪场，那里将会是2022年冬季奥运会的举办地。而即使位于热带区的云南也不甘居于人后，建了一个滑雪场，建在与瑞士的马特洪峰类似的高度上。

亚布力从十年前开始大张旗鼓地建设，现已建有十一条滑雪道、一条索道、一个吊椅缆车以及五家大型酒店。穿过一片平坦的泰加林，快到目的地时才会出现几座山。远远望去，容易让人想起捷克和波兰边境的巨人山。这几座山虽然高度只有1300米，却能保证六个月都有雪。山脚静卧着一栋大建筑，看起来像一艘大旗舰。它是在世界上拥有众多连锁店的地中海俱乐部酒店，由加拿大建筑师建造，且大胆借鉴了落基山露易丝湖大饭店的设计风格，但却比其更笨拙、更粗壮。酒店的建筑很长，共五层，有好几个横羽翼，共计约三百个房间。尖顶和坚固的地基证明了落基山建造期的辉煌，而落基山的辉煌又见证了瑞士的美好年代。来自法国的地中海俱乐部，不久前接手了该度假区，将其变成了一个小型的高卢村，与这里冰寒的冬季进行着顽固抵抗。一个大胆的实验开始了：法国人想教会中国人如何度过冬季假期。

这样消磨时间的方式，中国人以前是不知道的。但现在，中国的中产阶层增速非常快，这些人有钱，也有时间，所以也想度假。中国有一些法定节假日，比如清明或端午。而中国员工一年最多可以有四周年假，大多数时候和法定节假日一起休，这就意味着要和大多数人一起出行。

亚布力地中海俱乐部酒店的底层是自助餐厅。酒店给大家准备的晚餐是牡蛎，将新鲜的海鲜成吨运到亚布力这样偏僻的地方，也只有法国人能做到。和我坐在晚餐桌上的有中国人、韩国人、美国加利福尼亚人，一个来自比利时的女G.O.（Gentle Organizer，即亲善的组织者，是度假村的灵魂人物）以及一名友善的埃塞俄比亚男子。恰恰是这名埃塞俄比亚男子，后来被证明是我们当中滑雪滑得最好的。这样带有世界主义的圆桌，即便在北京或上海也是不常见的，而在这几乎与世隔绝的亚布力更出乎我的意料了。

第二天早上，我拿到了租用的雪具——一套奥地利品牌滑雪板。酒店推荐我们参加团体滑雪课程。因为知道自己的滑雪技术很一般，所以我便报名参加了五个档次的中间档：第三级俱乐部。同在一档的还有来自香港的一名大学生、来自吉隆坡的两兄妹、从哈尔滨来此参加单日滑雪的一名游客以及一名住在上海的法国人。滑雪教练是中国人，他先在前场地给我们演示了一些热身运动，一半是滑雪体操，一半是太极。酒店门前，一条索道、一个吊椅缆车以及七块“魔毯”（滑雪场的电动传送带）已经开始作业。“魔毯”上的都是初学者，这是他们首次高空滑雪。在阿尔卑斯山，乘坐“魔毯”的一般都是小孩儿，但这里却是成年人。他们全身包裹得严严实实，让人根本认不出来。他们像要参加悬浮游行似的排列在一起，耐心而又坚定，毫无阿尔卑斯山人的自大，既没有什么花式表演，也不追求什么时髦动作——重在参与。

当然，滑雪时更重要的是拍照，亚布力因此催生了一项新职业：滑雪摄影师。很快，五名滑雪摄影师如飞奔的野兽般跳起，不停地抓拍着滑雪道上的每一个滑雪者，仿佛他们刚获得了坎大哈滑雪赛的冠军。随后，这些照片便可在俱乐部大厅以及隔壁的酒店买到。

乘坐吊舱到达山顶时，我们小心地呼吸了一口新鲜空气。

当时温度为零下17℃，微风拂面，略带清香。我们转向一条狭长的滑雪道。脚下发出咯吱咯吱的声音，好像我们不是走在雪地里，而是踩在塑料泡沫上。严寒让雪结成了厚厚的一层。天上飘落的不是雪花，而是冰碴儿，像是透明的开花弹。

我们选择的是A1滑雪道——这是滑下山去最简单的路，标记是蓝色，而其他四道则是黑色。90%的滑雪者都是初学者，却只有一条初学者滑雪道，这样的比例让人有点儿出乎意料。年轻的滑雪教练给出的指示，大多时候都是一句简单的“跟着我！”。中国人很有教养，不忍心对外国游客发号施令或进行批评教育。同样，我们这些受过良好教育的外国人也不忍心要求这位中规中矩的教练更威严些。可以说，我们这组人没有特别有野心的。也许在中国，人们更愿意追求中庸而非卓越。“我们能来这里，就已经说明了我们的勇气。”来自热带的香港大学生说道。很明显，只有我没有足够适应我们组，因为第二天滑雪教练便将我升级到了第四级俱乐部。我根本不知道，这是怎么发生的。

酒店的早餐自助吧有中国饮食区、日本饮食区以及美国饮食区，还有一张小餐桌上摆了几样法式点心。如果不想以一碗泡菜汤或番茄黄豆开启新的一天，那你只能吃橡胶状的白面包、乐芝牛奶酪以及巧克力可颂。但吃完这些后能去山上滑雪？

第二天在山上等待我的是韩朗，一位二十四岁的开朗小伙子。他运动员的身材，让人不免想起阿尔伯托·汤巴，集猫的灵敏和熊的力量于一身。和其他滑雪教练一样，他也是哈尔滨体育学院毕业的，是经过了系统大学学习的滑雪教练。

我们朝着A2滑雪道前进——这是滑雪能手的滑雪道。一开始，我徒劳地抗拒着教练的敢死队命令。事实上，越过心里的那道障碍，咬咬牙滑出去了便没有那么可怕。韩朗甚至还拿我作为其他人的榜样，表扬我持棍的姿势、起跳的准备等。这在我身上是破天荒头一回，因为那之前，滑雪教练对我的恭维总是停留在一句鼓励的“再试试！”上。最后，韩教练拍拍我的肩膀，对我说：“明天我带第五级俱乐部，你也一起来吧！”

不过，当天晚上，我和一个十二岁的小毛孩儿打乒乓球，结果被他杀得片甲不留。就这样，世界又恢复了正常，我的运动健将生涯也就此画上了句号。

晚餐自助有各式亚细亚的菜肴，从味噌汤到咖喱羊肉，再到川味火锅，应有尽有。每套餐具都包含刀叉和筷子，餐桌上的人都很圆滑世故，表现出来的教养不逊色于北京高档酒店的客人。餐桌上大部分都是中国人，其中一半是来自香港、台湾。很多在中国生活的外国人也加入到了如今在中国很热的“俱乐部运动”的队伍中。对他们来说，来亚布力滑雪度假，不管怎样都比去阿尔卑斯山或是落基山要实惠很多。深圳的王氏一家来了十个人，像是一部东方电影里演的那样，浩浩荡荡的一家子。俱乐部氛围轻松，但不轻浮。一周俱乐部，费用是一千七百多欧元，大约是一个有着不错职位的大学教授的月工资。王先生是生意人。王氏一家来亚布力度假的想法，源自王先生的一次瑞士商务之旅。

我酒店的房间，有一个会议厅那么大，电视则是一个水族箱的大小。作为欢迎入住的礼物，房间里准备了一瓶波尔多红酒！当然了，开瓶器是没有的。但如果特意为此叫一个服务员送开瓶器来，让其一览我们西方人令人难以捉摸的生活方式，我觉得又不甚公平。故而，我慢慢踱步到了酒店吧台。吧台的规模类似飞机库，有图书馆、桌球台、舞池、表演舞台、座位以及独立的KTV房、麻将室等。色彩鲜艳的毛绒家具，容易让人想起二十世纪七十年代的休闲中心。这样的复古设计，也许是最后的呐喊，又或者这只是欧洲人再一次尝试给中国人出售其滞销品。

约有一百人围坐在吧台和舞台间。舞台上有人正在玩一个猜谜游戏，不同年龄段和不同国籍的人混在一起，分成了几支队伍进行对抗。游戏的组织者不停交替使用英语和汉语来调动现场的气氛。等一下——穿着性感短裤的女主持人，不是那个腼腆的前台吗？是的，是的！还有那个欢呼的队长，不是前天负责接待我的门房吗？是的，是的！在地中海俱乐部，工作和娱乐的界限，客人与工作人员的界限，都被抛开了。

在热闹的人群中，我发现俱乐部的主人克里斯汀·诺赫也在。用句俱乐部的行话来说，就是“度假村的村长”。他是光头，一节辫子垂在颈后。这个打扮，清朝的统治者肯定是欢喜的。但他是如何向中国人推广地中海俱乐部这样一个光从名字看就是欧洲产物的旅游组织的呢？也许他是在做一个现代意义的传教士，在向中国人传播一种享乐主义？

“我们当时根本无须解释过多，”诺赫高兴地解释说俱乐部的宗旨是为了满足客人的愿望，“中国人喜欢娱乐，喜欢成群结伴，喜欢从早到晚有节目。”中国人精力充沛，让诺赫想起了俱乐部的往昔岁月。那时，地中海俱乐部这个品牌在中国已经是集体取乐的代名词了。“亚布力开业之前，我们在东亚和南亚已有了三万中国客人。”而地中海俱乐部现在已经在中国开了第五个度假村，中国国内的游客数已经上升到了二十万人。

“饮食是最重要的因素。”法国人和中国人在这方面的观点如出一辙。全包的概念在哪里都无须过多解释，因为它满足的是一个古老的人类乌托邦：酒足饭饱，心满意足。而在亚布力，除了吃喝，从滑雪通行证到瑜伽，一整套的节目都包含在内。地中海俱乐部的福音是：生活是一个一直持续的孩童的生日，多姿多彩，甜甜蜜蜜，还有很多有趣的游戏。

而滑雪只是顺带而已。真正的滑雪高手在这里是无法尽兴的，但对于初学者和中等水平的滑雪者来说，亚布力是很合适的。对于那些在中国寻找最大的奢侈品——孤独的人来说，亚布力也很合适。我在中国其他地方碰到的人，都没有在亚布力的黑色滑雪道上碰到的人少，就算是塔克拉玛干沙漠也比其热闹。但山下的“魔毯”上，则又是一番热闹的光景。会不会有人因为社交原因而甘愿下调滑雪等级呢？欢迎来到第一级俱乐部。

但是山上面也有危险——来自救生员的危险。这些救生员穿着厚厚的黄色滑雪外套，在各大滑雪道巡逻。他们滑得很好，风驰电掣，滑雪者只能用非常危险的方法，才能躲避这一“黄色危险”。

一天下午，滑雪道上出现了一位优雅的滑雪大师彗星般飞速疾驰的画面，是罗贝尔·塔克莱玛利安。他的滑雪服上的奥运五环颇为引人注目，这是2006年都灵冬奥会上的纪念。他当时曾代表埃塞俄比亚出战，2010年的温哥华冬奥会也是如此。罗贝尔生于埃塞俄比亚，但是是在美国的宁静湖上的学。在那里，他开始了对滑雪的强烈热爱。他的母语连关于雪的词都没有，所以家里人都称呼他“滑冰者”。更糟糕的是，埃塞俄比亚没有冬季运动协会，所以罗贝尔没法参加2002年的盐湖城冬奥会。后来，他干脆自己创建了埃塞俄比亚滑雪联合会。在都灵冬奥会的入场仪式上，他负责举旗，他的哥哥负责举牌，而他的母亲则骄傲地作为亲友团跟在后面。罗贝尔已经在地中海俱乐部工作数年了，主要负责指导中国的滑雪教练。他指导我们练习了一程转弯技术后，便滑去别的小组指导了。

亚布力的工作人员来自二十个国家，里面有很多这样令人吃惊的人物。当天的晚餐，是在酒店旗下的一家意大利餐厅，不是自助，而是自由点菜。和我坐在一桌的客人都在兴趣盎然地观看着来自巴厘岛、名叫科图特的魔术师的表演。“真是难以置信！”来自新加坡的外科医生冯荣彰微笑着赞叹道。他的妻子却不太相信魔术这玩意儿：“真是世界上最差的魔术师！”虽说科图特能将那些魔戒放在一起，但后面又分不开，抽出准备好的桌布时也不够灵敏，每个人都看到了缝隙，等等。我猜，这也许正是科图特的计谋所在。能被人称作世界上最差的魔术师，也算得上是独特了。

虽然当晚的意餐很美味，但是中国客人却不甚满意。一盘意大利面、一盘烤牛肉，再加上点儿别的，这太少了，根本算不上是一顿大餐。故而，王氏一家饭后又自成一体，去旁边的自助餐厅大吃了一顿，然后才心满意足地去KTV唱歌去了。KTV的爆曲是*Edelweiss*（《雪绒花》），虽然是英文歌，但Edelweiss其实是德语。这首歌里“雪绒花”三个字出现的次数非常多，这应该是它为何在KTV受欢迎的原因吧。

就是这样热闹的文化碰撞，才使亚布力变得有趣，也方便以后在亲戚朋友面前吹牛。从零下20℃开始，每个人都可以成为英雄。从亚布力的游泳池去往露天的热水池虽然只有10米的距离，但一位来自中国澳门的女士却坚持要戴帽子，穿拖鞋、外套、裤子。穿得这么厚实，去那散发着热气的池子，她可以称自己是泰加林的阿弗洛狄忒了。

最后一天，树枝裹上了银装，如同闪亮的珊瑚。温度上升到了惬意的零下12℃。那位参加了奥运会的“滑冰者”指导着我进行平行滑雪。晚餐将会有北京烤鸭。我真想延长我在亚布力的度假。冯荣彰的妻子马上建议我写一本关于这一俱乐部的小说。主意不错，小说可以作为中国版的《魔山》，作为亚洲崛起的小缩影，作为全球化时代的社会画卷，只不过魔术师是科图特。

肚皮舞、蜂蛹、炒蘑

北京的少数民族饮食

摄于北京

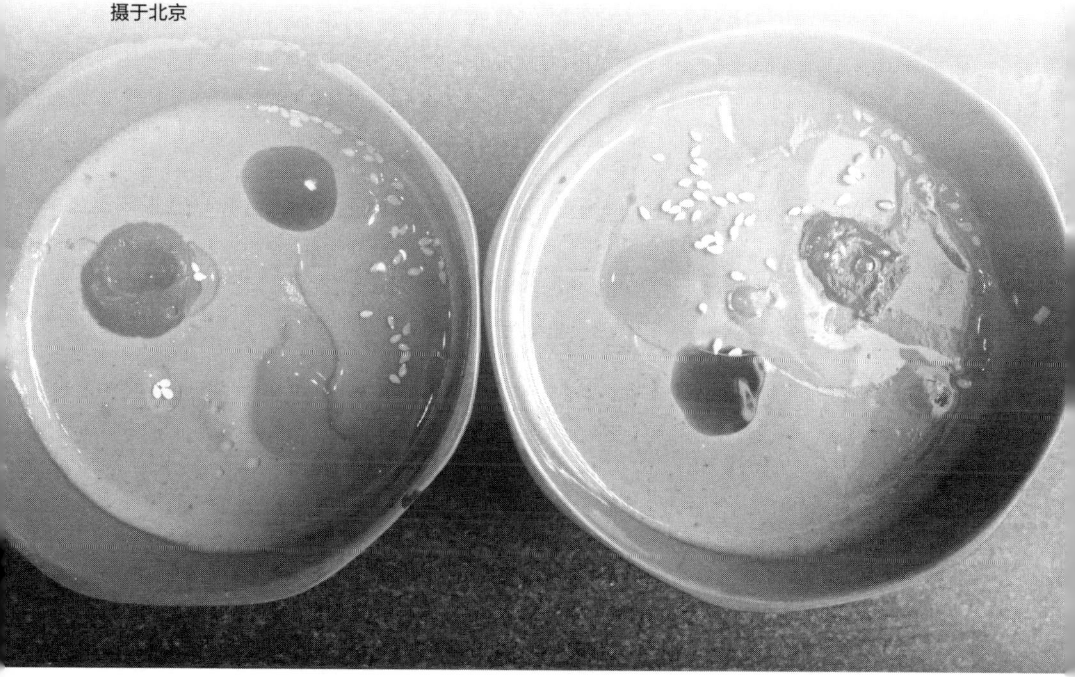

中国正在发现并充分展示其境内的少数民族的艺术、民俗、宗教、风景以及饮食。这一潮流的一个例子便是位于北京北四环边的中华民族园，一个既让人痴迷又让人陌生的大中国民族秀的所在。

它的位置紧靠国家奥林匹克体育中心。作为一个主题园，它真实再现出中国各个民族的文化遗存。然而，中华民族园有一个非常大的缺陷：吃的东西远远不够。几个苗族丸子，一点儿傣式炒饭，或者是一小碗朝鲜族冷面，怎么样也无法满足我们对异域美食的渴望。而北京整座城市，现在日益发展成了一个民族园，这是多好的事儿。就算只游览北京城，也可以环游整个中国——当然是在菜单上环游。

想吃什么？烟熏马肠？或者大羊脑？来自中国西部的新疆菜，一直以来在北京都是别样的存在，对食客有着某种特殊的诱惑。

阿凡提餐厅——这不是打烊时人们在桌上跳舞的餐厅吗？没错。这是北京城有名的一家餐厅，可以体验维吾尔族的各种风情。餐厅的名字，是根据新疆版的“捣蛋鬼提尔”取的。最后一叠盘子刚收拾完，餐厅便变成了一个轰轰作响的电音迪厅。女服务员们一改之前的端庄，欢呼着跳上长凳，摇身一变，变成了狂欢崇拜的领舞者。但当灯重新亮起，客人纷纷散去后，这群姑娘们又乖乖打扫起了餐厅。

更温和，饮食方面更原汁原味的是位于使馆区边缘的阿拉木汗饭店。阿拉伯的商人对这一饭店非常追捧，但它也受汉族穆斯林和西方好奇的客人的喜爱。在长长的餐厅里，蒜香味儿飘荡在每一个角落。餐厅的员工再现了欧亚大陆的宽广性，从超小的眯缝眼到各种古典、仿古典的侧颜，应有尽有。饭店经理的名字也正好叫伊利亚特。当我们问到他餐厅成功的秘诀时，他首先将其归功于菜品分量大，然后才提及餐厅女舞者们的漂亮。虽说我们的目光时不时停留在乐师和女舞者着装准备的舞台后面，但我们还是先来看下餐厅的菜单吧。

菜单基本囊括了丝绸之路沿线的菜肴，从中国西部的美食到从黑海来的土耳其度假者认识的菜肴，应有尽有。嫩羊肉以及各种羊制品主导着菜单，但马肉、牛肉等菜肴也很多，也有调汁儿的马胃，带有浓重的干草味。鱼类和蔬菜类主要是为汉族客人准备的。不过，菜肴间的相互渗透，自然也反映了中国多民族国家的事实。豆腐也许在理论上不属于维吾尔族人的美食，但实际上早已进入了维吾尔族人的厨房。反过来，新疆的商人也觉得，能在北京的主干道上售卖羊肉串，也是件值得称道的事儿。

如果观察一下餐厅吃饭的客人，便会发现，客人中有和在新疆那样用手或勺子、筷子用餐的，也有像那对澳大利亚夫妇那样用刀叉的。

两名年轻的鼓手着皮背心、长靴，登上了舞台。乐队奏响了激情澎湃的交响乐，肚皮舞女郎穿着飘逸闪亮的表演服在舞台上开始了婀娜多姿的表演。这是皮娜，新来的肚皮舞演员。她胸部丰腴，腰像是凝胶做的，深褐色的头发高高盘起，鼻子如玛丽亚·卡拉斯那样长而挺，一对大眼睛圆鼓鼓的，不是什么杏仁眼。她先是占据了舞台，然后又穿梭在饭桌之间，最后捕获了两个一脸尴尬的猎物。他们不得不一同上台表演，博大家一乐。皮娜不断给他们加油打气。

表演结束，皮娜换上轻快的便服后，用她那并不完美无瑕但却更充满激情的汉语讲述了自己的故事。从她嘶哑而高亢的嗓音里，可以听到新疆无尽的辽阔：荒原的风、游牧帐篷、马的味道……皮娜二十四岁，来自新疆南部的一个村庄。当父母知道她想去世界闯一闯时，便关了她禁闭。“其实我只是想上大学……”为了让家人安心，她谎称自己有了一个追求者。很快，她又有了更多的活动自由。家人认为，有了男朋友，她便不会离开了。但她还是离开了。她从小学习舞蹈，最后成了北京的肚皮舞者。其实，传统的维吾尔族服装没有这么暴露，肢体语言也更婉转隐晦。有时，来自新疆的腼腆老乡第一次见到皮娜时，会感到震惊。这也是虽然皮娜的母亲已经来北京看过她，但却从未看过皮娜在阿拉木汗表演的原因。皮娜不敢让母亲看到，否则“母亲马上会拽着我回家”。故而，皮娜总是要找各种不同的理由：不行，妈妈，要不会太迟了。不行，太远了。路太差了。今天是封闭演出。……

当我们指出她不苟言笑的表情与她的舞姿形成鲜明的对比时，皮娜已经全身发笑了。对于追求她的那些男子，她态度严苛，因为这些人的言行举止可不总那么绅士。她对男人的世界看法很大，言谈已经像她自己的母亲那样了。我们离开阿拉木汗时，夜已经很深了。

饮食上在北京代表性最强的少数民族是傣族。

傣族人生活在中国南部，主要是在与老挝和缅甸接壤的云南。许多大的酒店餐厅已经发现了热带特色的吸引力，而大型的傣族饭店也不少见。中国和西方的旅游团一车车地前来体验这异族风情。

谁会不对鲜笋炒田鸡、参汤汽锅鸡、甲鱼牛肾双拼、豆腐鲤鱼嘴或者只是简单的炒蘑感到好奇呢？更别说油炸蜂蛹了。

但傣族美食在北京的开始却是默默无闻的，1994年开张的傣家楼便可以证实这一点。傣家楼位于北京西北部一条道路的出口，竹屋檐和藤家具很容易让人想起热带的家乡，而里面放映的视频，则讲述着云南无穷无尽的美丽风景。庭院里的鸡舍和玻璃后的几条蛇，则更是为这餐厅添了一抹独特。这里晚上也有民族舞表演，给了一些女舞者作为专业的傣族舞者谋生的机会。但这里的舞者要庄严得多、妩媚得多。厨房提供的也不是大肉菜，多是清淡、香味扑鼻的菜肴。从未见过的野果和蔬菜都是从昆明空运过来的，这是这家云南菜的基础，另外还有各种米饭。碟子是大荷叶，茶碗则小得可怜，大约是产自利立浦特（英国作家乔纳森·斯威夫特小说《格列佛游记》中的小人国）。

民族餐馆最密集的地方，是中央民族大学的一条小路。在这所大学学习的学生来自不同的民族，他们既学习本民族的文化，也学习重要的学科如医学、法律等。当然，他们语言上的障碍也会被考虑进去。这里各式价廉物美的朝鲜族、蒙古族等少数民族餐厅林立，而刘宝的德宏傣族餐厅也位于此。刘宝以前在高校做过行政，戴着猫头鹰式的眼镜，老是一副闷闷不乐、忧心忡忡的表情，让人一眼就能辨认出这是老板。她一脸骄傲地系着围裙，老主顾们都叫她刘妈妈。就算是巴西利卡塔一位德高望重的妇人，也不会比刘妈妈更能让人信任。

大约三十年前，刘妈妈从云南来到北京，从大米文化进入到了面食文化。一开始，她觉得汉族人的食物没办法享受。“现在我可以吃面食，但不会煮。”而她的傣族菜谱就这样毫不掺假，保持着原汁原味。德宏很多东西都放在壳子里煮：米饭放在菠萝里，鸡放在竹筒里，猪肉放在棕榈叶里。

德宏的装修比较简单，有点儿类似食堂，尽管墙上挂着几幅照片，但这并没能掩盖德宏的简朴，反而更突出了这一点。不过，来刘妈妈的店吃饭的人，也不是冲着其装修来的，而是因为这里的东西十分美味，且价格低廉。德宏的厨师也曾被邀请去德国大使馆，教那里的德国同行做一些来自遥远、陌生的傣族地区的菜。

对一家西藏餐厅来说，没有比玛吉阿米更好的守护女神了。三百年前，第六代达赖喇嘛仓央嘉措看到一位美人进入了一家餐厅。他只见了这位美人一次，此后便再未见过，这也是他能很轻易便将其神话成完美女人的原因。从那时起，玛吉阿米便留在了西藏人的脑海中，挥之不去。而北京的一家餐厅也是如此。

这家店的总店在拉萨，同名分店在上海。这个成功的故事，要归功于汉族人牟向辉和藏族人泽郎王清的罗曼史。这是北京社会阶层的一对梦幻情侣：她气质优雅，身材苗条，甚至可以说得上是纤细，虽然还十分年轻，但已经是专业的老板娘了；而他则是一个强壮、留着蓬乱长发的喜马拉雅雅皮士，是电台主持、舞者、商人，同时也是成功的餐饮家。

玛吉阿米餐厅位于使馆区一个很有优势的位置。踏上楼梯的那刻，便能听到轰隆作响的藏族音乐。餐厅的装饰物十分丰富，远远超出了西方人对一家异域餐厅的期待。中国餐厅的装修一般都比较简单，但玛吉阿米餐厅例外。几乎所有的装饰都是从拉萨运来的：牦牛毛地毯、铜制香炉盆、灯笼、笨重的转经筒、装饰满满的柜子，就算古老的燧发枪也不例外。十五名藏族员工的祭品，装饰着餐厅的祭坛。牟向辉说，在北京居住的约两千名藏族人都来过这家餐厅。胃通常能比理智更早感受到思乡之情。除此之外，演员、电视台名人、大学生、使馆工作人员、《孤独星球》的读者以及类似的世界主义者都是这家店的客人。

牟向辉和泽郎王清将他们的餐厅理解为“西藏之窗”。餐厅的架子上也放了很多相关的书籍、杂志，这得到了许多人，特别是年轻的中国人的赞许。他们对西藏的文化、自然、宗教充满好奇。如果他们真出发去西藏，会在那里发现他们此前从不认识的东西——空荡、辽阔、孤独。

除了高昂的价格——在这一点上，玛吉阿米餐厅看来是参照西方制订的价格，餐厅的许多奶制品，对中国人来说也是一个不小的心理障碍。酥油茶便被许多人视作催吐剂，而生肉酱配糌粑被视作野蛮的吃食。但就算放眼世界，西藏菜都不被认为是美食。这也是玛吉阿米餐厅也提供来自西部草地不知名的草药，还有尼泊尔以及北印度菜肴的原因。

餐厅的特色菜有安多汤、烤野菇、牦牛奶酪、牦牛酱。至少德国客人在看到印度西北受欢迎的菠菜吉士时是震惊的——在来自雅利安人神话故乡的黏稠的菠菜汤上，漂浮着一个奶油白的卍字。煎羊排得用纯正的藏刀来切，这与维吾尔族的饮食文化很相似。

玛吉阿米餐厅的员工，同时也是餐厅歌舞团的成员。此外，还有几位中央民族大学的大学生来增援。姑娘们放声高歌，仿佛她们的歌声必须要穿透至那遥远的青藏高原，而小伙子们则在大堂里盘绕着双臂，成群打转，像极了鹰在列队飞行。

朝鲜族美食也很有特色。朝阳区的朝鲜族餐厅里，当然也提供各类韩式泡菜，是由发酵的白菜和其他蔬菜制作而成的。不过，特别值得推荐的是那些辣白菜，可以搭配冷荞麦面、各种鱼类和酱汁茄子一起吃。

至于蒙古族美食，北京城的住户也早已熟悉了。九十九顶毡房餐厅有些偏远，在奥林匹克公园西北，朝内蒙古的方向。那儿的空间会更充裕些，餐厅也需要这么多位置，毕竟是要搭九十九顶蒙古包，餐厅的名字也是这个意思。不过，这个数字只是隐喻，没有人会花精力去数是否真有九十九顶毡房。总而言之，这里的蒙古包数量很多，大小、形状各异，为大城市的游牧人提供了有趣的基地。这里有一股草原的气息，但最浓的味道却莫过于火锅的香味。提到蒙古族美食，中国人首先想到的是蒙古族火锅，火锅里放置各种菜肴，有切得薄薄的牛羊肉、菌类、各种蔬菜，也有豆腐、骨髓或鸡肉，有时也有架烤全羊。

每天晚上，北京的各大民族餐厅上演的都是一场小型文化节。少数民族餐厅作为少数民族文化的饮食代表，比起大多数人常去的主流餐厅，能带给人更好的感官感受，也更能让人感受到热情。

这也同样适用于北京最具异域风情的“少数民族”，而这一民族的香格里拉可以在凯宾斯基饭店找到：宝莱纳餐厅，内里是地地道道的啤酒花园，供应煎肉饼、白肠以及黑森林樱桃蛋糕等。

大江之域

扬子江长途之旅

摄于扬子江

中国的“龙”不喷火而喷水，可以带来一系列恐怖破坏，如台风、洪水、大潮等，但也可以馈赠肥沃、富饶和能源，只是你得知道如何去驯服它们。

中国最大的“龙”名为扬子江，中国真正的天之骄子。扬子江发源于平均海拔约4000米的“世界屋脊”青藏高原——熊和狼在这里互道晚安，而它流经的一连串肥沃的盆地则由其自身冲刷而成。这里居住了地球上十二分之一的人口：四亿五千多万中国人。当地人简称其为长江，或者更简单：江。

我们乘坐了三种截然不同的船，来游历中国的这条命运之河：一是豪华的大游轮，二是货船，三是平常的班轮。在八天的时间里，我们乘坐这三种船，游历了长江已通航的几乎所有路线，总里程2500千米。对于长江的源头及其历史变迁，即便在中国也鲜为人知。四十年前，人们方确定长江的源头；三十年前，方有勇敢的探险队航行了整条长江；而二十年前，方有一名年轻的徒步者徒步穿越了长江的陆路，据说他穿坏了八双鞋。

而对我们来说，光是去往重庆，便已是走向未知的冒险了。山城重庆远在西南，周围是浓密的水稻梯田，绿泱泱的，甚是好看。重庆是亚热带气候，得益于此，此处的稻田每年有三次收成。有人说，如果你在此丢了一只鞋，那这里便会衍生出一家鞋店来。蓝灰色的嘉陵江与深褐色的长江在此汇合，斜坡上高楼林立。迷宫般的道路上熙熙攘攘，人声鼎沸。风筝联队在码头上盘旋，索道如铁帽盒般在两江上空飘荡。

出租车将乘客送至码头，挑夫们便争先恐后地围了上来。两个世界、两个时代在这里碰撞。半裸的“无产阶级”涌在富裕的“资产阶级”游客身旁，后者只好尴尬地拒绝着前者。挑夫们的体型不是健身房里练出来的，而是日复一日做苦力的结果。为了赚几个钱，他们甚至将冰箱等重物用竹杠挑在肩上。在此次旅途中，我们还会经常遇到类似的十九世纪与二十一世纪的照面。

几个世纪以来，梯田状的河阶都扮演着重庆露天舞台的角色。这里是生命的展现，长江周而复始地静静地掠过河阶。民国以来，中国人一直梦想着能征服长江这条巨龙。2006年长江三峡大坝投入使用。三峡不仅是大坝，也是世界上最大的发电站。而今，三峡大坝已达到其最终规模：深至百米，长达2000多米。除了巨大的生态和社会影响外，三峡工程也带来了旅游的边缘效应。从此，即便世界上最大的游轮也可在长江通行。

登上“世纪钻石号”游轮时，已有民间艺术团在敲锣打鼓，欢迎着我们的到来。“世纪钻石号”是个有着六层甲板的庞然大物，装有观光电梯，每个船舱都配有阳台。船身为白色和蓝色，100多米长，7000吨重，但吃水深度却不过小提琴盒那么深。行驶在江面上，如同一座漂浮的塔或是一个令人无可挑剔的岛屿。初见时，有些让人无所适从。但慢慢地，乘客们便开始适应它，三三两两地进入到宽大的客舱，漫步于微风拂面的甲板，品尝着自助餐桌上的各类佳肴。

黎明时分，在雾笛声中，“世纪钻石号”起航了。它穿过江岸边的光影，在突突作响的船队中前进。江面上弥漫着一层雾，加之广阔的江面特有的水气，预示着季风的到来。故而，游历长江甚少是明朗的欢乐之旅，更多是通往未知的神秘之旅。对抑郁症患者和喜爱阳光之人来说不甚合适，但对爱幻想之人来说则颇为适宜。行驶在江面上，时不时传来采石场上锤子的敲打声、造船厂的铣切声或是庭院的吱吱声，但都转瞬即逝，长江已接管了指挥权。

游轮上的乘客大部分来自欧洲和北美，也有一些外籍华人，他们都将在游轮上度过三个日夜。三天的时间不长不短，似乎刚刚好，但其实三天算不了什么。船舱上的员工，每年在长江上来往九个月。刚将顺流而下的一批乘客送走，打扫完船舱，添置好所需物品后，新乘客又来了，这意味着又要起航逆流而上。长江成了这些员工的家乡，游轮则成了他们的家。

周岩，一名被聘请在游轮上作画的艺术家，他胖墩墩的身形，圆脸，肋排长至脖子，正好满足了人们对中国画师的想象。这已经是他第四年随船作画了。来自美国亚利桑那的老太太们，以及来自瑞士卢塞恩、性格开朗的遗产唯一继承者们，都喜欢在他的画桌前停留，看着他妙笔生花地将一幅幅田园图景画于纸上。有时，特别是在天气不好时，也可以在甲板上找到他的身影，他说自己想近距离感受长江，吸收长江之精华，为的是有一天能完成他的大作——一幅巨型长江图。故而，在游轮停靠处，他总会和当地的老人攀谈。只有在三斗坪——一个建在大坝上的镇子例外，因为那里没有老人。周岩像神话传说中的人物那样，活在他自己的画中。他用来洗画笔的水，与长江之色完全一致。

游轮上的医生——范医生的诊室设在下一层。他声音平缓，手永远是干干净净的。他主要负责给游轮上因旅行而亢奋、感冒或是便秘的乘客治疗，邀他们去能晒太阳的甲板上打太极，也会给人针灸。范医生认为，长江能起到疗养的作用，因为人与大自然和谐共处，游轮上的生活很悠闲，空气也很清新……

我们游览的第一处陆地景区，是“鬼城”丰都名山风景区的庙宇。丰都名山曾遥立于长江边的古城上，因三峡大坝的修建，如今只有此前的一半高。路边的小贩层出不穷，左右两边的“Hello！”声此起彼伏，但谁又用得上几十张地图呢？山上的庙宇陈列着各种宗教人物雕塑：有道家的自然神，挥舞着火棒的士兵，以及大肚佛。鬼城风景区的主题，是阴曹地府的杀伐决断。很多景点的名字听起来便令人毛骨悚然，比如血河殿、奈何桥、望乡台等。它们和丰都的称谓“鬼城”一样，因三峡大坝的修建而增添了新的热度。据统计，丰都约有十万居民被迁移至此。

我们第一次游历三峡，是在2001年，当时山峡便已经在进行迁移安置了。尽管如此，丰都古城的交通依旧如熔岩般在顽强运转着。巴士嘎吱嘎吱地挤进道路上。路边是各种小吃摊、擦鞋铺、卖米商贩、移动音像店等。很难想象，这一熙攘的景象在不久后便会消失。一位年轻的女导游带我们去看了她祖父母的住所——在弯来弯去的巷子里面的一栋舒适的灰色小楼房。空气中是一股煤炭的味道。女导游又指向对岸的一栋高楼——一个全新的城市已在对岸拔地而起，一半尚是预告，但一半已是事实。“我们会得到一套位于十二楼的公寓，里面有热水和集中供暖。”女导游将此次迁移视为社会的进步，但她的祖母却为之心碎。第二年，这栋楼房便与整个古城一起被炸掉了，一切都流入了长江的滚滚红尘中。桥也被拆掉了，只剩下一些孤零零的果树。它们还结了几年果，然后便被淹死了。

过了丰都，便进入了亚洲著名风景之一——三峡景区。人民币、邮票上都印有三峡景区的图画。迎面而来的，是一连串内陆峡湾，礁石林立，山崖险峻，怪石嵯峨。第二天清晨，一扇天空之门——瞿塘峡热烈地欢迎着我们的到来。从瞿塘峡刮来的风，仿佛是在逃离恐怖，一股脑儿朝我们涌来，但很快又恢复了平静。我们经过了一片群山，群山的宁静与壮丽是史前的，宛若莱茵河在艾格山脚下流过。

相比以前，山峡的水位最多高出70米。因山峰高达千米，故而三峡原始的浪漫之美并未受到根本性影响，但水深却一直在变。以前，船只必须分毫不差地航行，因为游动的沙洲会让航道额外变窄。低水位时期，仅在巫峡便有七八十处单行航道。航行在三峡的船只，一般都配有三峡地图。地图是那么破旧不堪，但却被船长们如国家机密般保存着，为的是防止“长江的外国炮舰”再次涌入中国内陆腹地。

我们第一次游长江时，坡面高耸处刻有醒目的水位标记，提醒来往船只注意。现在，这一“地球化进程”已经完成。通过山峡的时间，已缩短了一天。游轮上的乘客在各处游荡。偌大的一艘船，要求乘客得有三维想象力。有的乘客在甲板六层点餐，有的待在风景吧台上喝小酒，但大多数人都在往二楼的自助餐厅方向去。餐厅入口处，游轮船长安德雷亚斯·阿恰兹正在欢迎前来用餐的乘客。阿恰兹是奥地利人，是游轮上一百五十名员工中唯一的欧洲人，其他都是中国员工。中国同事给他取了“功夫熊猫”的外号，一是因为他粗壮的身材，二是因为他果敢的行事作风。重庆的造船厂造这艘游轮时，阿恰兹就参与了。“我们成功的关键在于，从一开始就树立了西方的标准，同时也不忽视本地的习惯。”

因为越来越多的中国人也加入到游览三峡的队伍中，故而阿恰兹的团队努力使中西两个世界的游客都得到满足。早餐既有小面包也有汤面，晚餐既有煎猪肉也有北京烤鸭。在阅览室里，有的人在轻声下棋，也有人在噼里啪啦打麻将。娱乐节目既有科学报告，也有集体K歌。

中午时分，我们驶入了巫峡，在巫山靠岸。这里说的巫山是巫山新城，因为老城地处长江沿岸，可以说是中国版的亚特兰蒂斯。新城位于大宁河与长江的交汇处，地理位置较高，也较安全，但地势陡峭，显得有些突兀。我们上次来，乘坐的是摇摇晃晃的狭长木船，因为巫峡作为支流，甚是狭窄。我记得，当时水中的卵石床触手可及。而现在，玉绿色的游船浩浩荡荡地列队前进，连货船也能通行。我们乘坐一艘粗笨的游艇去小三峡，只在最里面时才换了小木船，体验了一把摇晃颠簸的感觉。铁锈色的礁石下，有僧侣住的小屋。在一处高坡上，三位身着演出服的乐师开始了悲戚的表演，令人不禁联想起莱茵河的罗蕾莱女妖。

巫山和丰都一样，也有约十万人不得不迁移。当地的向导告诉我们，大部分人都将此视作一种提升——生活质量的提升，因为能享受到更现代的基础设施。

游历三峡，有时会有一种置身于移动电影院的感觉。而三峡之美也一再吸引着电影制作者，比如贾樟柯。他2005年拍摄的大师级电影*Still Life*在国际上广为人知，这一英文名有双重意味，中文名为《三峡好人》，让人不禁想起贝尔托·布莱希特。不过，贾樟柯将故事的情节异化为荒谬的、超自然的。但异化在这里，其实是事实：浓雾天气、嫁接的城市，以及一条被严格控制的大河。《三峡好人》讲述的是修建三峡大坝这一特殊过渡时期的故事，以及影片中主角们动荡的生存状态。在一幅忧愁的图画长卷中，好人的故事娓娓道来。

第二天早上，我们此次游览长江的转折点出现了。西陵峡过半，三峡大坝出现在我们眼前。峡谷拓宽为槽谷，设有（双向）五级船闸，由混凝土浇筑而成，闸门打开方能通过。因游轮无法攀岩，故而我们驶入了第一级船闸。船身宽度刚刚好。游轮上的乘客都跑到甲板上去观看：身后的闸门徐徐闭合，水位在不知不觉中已经降低，游轮一米一米地往下降，一切都是那么庄重有序。紧接着，前面的闸门洞开，以便我们通向下一级船闸。就这样，五个小时后，我们通过了所有船闸。这时，奇妙的美景出现了，眼前不再是船闸，而是辽阔的地平线。

游轮在三斗坪靠岸，就在三峡大坝后面。我们第一次来时，这里还是偌大的建筑工地，到处都是起重机，成百上千的自卸车、挖掘机在热火朝天地作业。长江被引入铺砌的人工河床，如同一条被抽打过的蛟龙，不情愿地爬行在河床上。而如今，一切都干净了。新城的模样与其最初的模型如出一辙。太阳像是接到了命令般，穿透云雾，照射在新城上。时不时有学校组织班级来集体参观，还有老年人俱乐部也会组织来此参观，他们都对这座新的圣殿投以惊奇的目光。

在游客中心，导游就着潺潺的音乐进行了大段的背诵式讲解，比如三峡是项法老式的大工程，三峡大坝的修建象征着人类战胜自然的能力，等等。各式宣传册以及众多国际专家都认为，三峡工程对防止洪涝和获得能源的作用是巨大的。

为了更近距离感受长江，我们换乘了运货驳船——一艘重30吨的货船。货船设有木板隔断，并非小船，但也不是轮船。船长姓吴，从梨到钢梁，什么都运过。浪漫主义不是他的风格，他重视的是安全，而不是美。因无法和别的船只进行交流，故而他只能靠眼睛来导航。一年当中，他有三百天都在船上。对他来说，长江像是母亲，无论时节好坏，都一如既往地陪在他左右。长江时而温和，时而暴躁，偶尔会带给他灾难，但大部分时候是在养育着他。有史以来，长江常淹没东部的平原，但同时也为其无尽的肥沃创造了条件。长江下游每一寸土地都种有农作物，连一再升高的堤坝也不例外。

在武汉的市场上，你可以用手触摸到这一富足。特别是水生生物，种类多得数不清：各种贝类、螺类，游来游去的鳗鱼，蹦来蹦去的蛙类……值得一提的是，这里的肉贩多为女性，不但技术娴熟，且容貌姣好，可以算得上是世上最美的女肉贩了。

五十年前，长江特有的豚类——白鳘豚肉还在出售。那时，白鳘豚在长江入海口至三峡地区时有出现。白鳘豚的样子怪怪的，眼睛小如绿豆，几乎全盲，但声呐系统却十分发达。凭着灵敏的听觉，能准确定位猎物以及自己的同类。二十世纪七十年代以来，白鳘豚数量急剧下降，主要原因是水体污染、过度捕捞、修建大坝以及航运的发展等。武汉曾设有一个专门的白鳘豚馆，一直开到2002年。白鳘豚馆二十年中只有一名住户：淇淇。淇淇死时，人们预估存活的白鳘豚数少于十头。从那时起，每几年便会有白鳘豚现身的新闻，最近一次出现在2016年，但是否真有其事，估计与尼斯湖水怪的可信度差不多。拜拜，白鳘豚。

感谢一名干练的出租车司机，晚上我们去了一家很受欢迎的鱼餐厅用餐。冷峻的商人、小康之家、老干部以及年轻的新贵，都在这座拥有八百个座位的美食殿堂享用珍馐。餐厅配有两百名厨师，从早到晚地为吃客准备各种美味。我们想尝尝武昌鱼，据说这是必尝的当地美食，毛泽东曾在一首诗里提到过它。不过，出租车司机告诉我们，以前的时代已一去不复返了，现在流行吃鳜鱼。当然了，这两种鱼都很美味，只是鳜鱼的价格是武昌鱼的三倍。

武汉的人口多于洛杉矶，但武汉这座城市在西方却不甚出名。码头沿岸有几栋带有石膏石柱的殖民建筑，宣告着武汉作为经商口岸曾有的辉煌。戎克船的时代自然早已是过去时。江上来往船只密集，船流鼎沸。坐船去上海需要两天，我们登上了下一趟最好的班轮。班轮名称很简单——92号。班轮的设备也很简单——二等舱是双人舱，脏兮兮的，无窗，但却已是最舒适的了。五等舱有二十名乘客，只有在机器区与货物区之间，才能找到一席之地。还有更便宜的：在过道的硬船舱板上，铺上一层报纸打地铺过夜。在共计七百名乘客中，我们是仅有的外国人。班轮的工作人员只会中文，航行时刻表和广播都只用中文播报。与班轮上的人交流，成为原始的人与人的沟通。不过，一旦交流成功，就算是一件极为平常之事，我们都会异常兴奋。

江边偶尔会有并排的售货亭。此时，便会有人用长长的竹制抄网，将报纸和新鲜水果等举递上来。班轮上有厨房的油烟味、柴油味、烟草味，以及二十年不停使用而形成的霉味，各种气味混杂在一起，形成了一股甚是难闻的异味。船经过山峦处，是那么神秘，而经过平原却是那么乏味。堤坝使河流降级为运河，两岸的平坦农田和居民点看起来千篇一律，故而我们便将时间打发在与同行之人聊天儿上。比如和李教授，一名土壤学专家。他此次坐船是去南京开会。啜着菊花茶的他，若有所思地对我们说道："我们不断提出警告，河岸有被侵蚀的风险。我们提出警告已有三十年，但被倾听却只有三年的历史。"还有那西装革履的公司老板，带着秘书去上海签署协议。之所以选择乘船，是"为了度过两天安静的时光"。也有一大早就已微醉的大嗓门厨房帮工，将船上的垃圾一袋一袋扔下水去。原本，船上的警官陈强是应该制止这类破坏环境的行径的，但他也不可能面面俱到。八年来，他负责船上的治安，协调打架斗殴事件，追查盗窃案，偶尔也从舷栏杆上拦下有轻生念头的人。碰到有孕妇开始阵痛的情况，也会将其从五等舱送至二等舱。虽说陈警官的舱里放着很多漫画书，但他看起来也不像是个坚定的浪漫主义者。"但如果细想的话，我觉得，我还是喜欢长江的，我觉得在船上比在陆地上安全。"

还有一位爱闲聊的东北女子——班轮上的军需主任。对于班轮上不修边幅的同胞，她深感惭愧，言语中也带着些许不满，甚至是刻薄。事实上，这些不修边幅的人在班轮上占大多数，多为建筑工人、农民工，在城市寻找着自己的幸福。船上的咳嗽声、打嗝声此起彼伏，且很多人的手都插在裤兜里，仿佛裤兜里藏着宝似的。如果说“世纪钻石号”给人的是一种童话般的甜蜜感，那92号班轮便是将生活中赤裸裸的现实不加掩饰地袒露在人们面前。

长久以来，长江在中国起到的是赤道的作用，将中国一分为二，分为南方和北方。长江最后的1800千米，落差只有50米。浪花蝶起，水上交通一片繁忙。马可·波罗就曾对长江下游“不可想象的紧密航运”惊奇不已。一夜之间，长江又变宽了，河岸被冲没了，真真是“长江之水天上来，奔流到海不复回”。著有《秘密的中国》一书的捷克作家埃贡·艾尔温·基希便认为长江“可称为海”。遇到强风天气，南京、上海之间的班轮因不具备远洋航行的能力，便泊在岸边。这时，除了等风变小，也可以转乘大巴。涨潮时，在长江三角洲得逆流而行。

离靠岸还有几小时，上海已用它世界级港口的熙攘来迎接我们了。灰白色的护卫舰、突突作响的渔船、廉价的货运集装箱船、木质货船、水翼艇等应有尽有。在穿过了无数平原之后，上海以其令人叹为观止的垂直身段跃立在我们面前。

从四川的峡谷到上海的高楼大厦，旅途到这里，似乎可以结束了。但我们不是还有一个愿望没有得到满足吗？我们不是还想看一点儿古老的中国吗？于是，我们乘坐大巴去了长三角一个半陆半水的地方，一个在德语旅游指南上找不到的小镇——周庄。自从画家和电影制作商发现了周庄，爱将周庄作为画作或电影的背景后，周庄已成为中国的一个热门旅游地，一个时间绿洲。

在周庄，墨黑色的运河穿过这座重重叠叠的小镇，镇上的桥、船，藏匿的庙宇、茶座、花园等不计其数。虽然游客众多，但这里的生活并未受到什么影响，依旧在继续着。我们去了马家。二十年前，马家的古董店是镇上首家纪念品店。如今，整个周庄都变成了古董。

我们此次旅途的大部分时间，是神秘而哀伤的，终点也是如此。我们正巧遇上了一个祭奠会。一位老人于几周前安详离世，当时正好是她九十六岁大寿。今天，整个大家庭都聚在一起祭奠她，在一个柴垛上烧着各类供奉品，有玩具屋、米、茶、床单、新鞋，还有成捆的锡箔纸钱等。祭奠品中心处，摆着一艘厚重的粉红色纸船，是为老人的最后一程准备的专列。

王者对决

湖南高空走钢绳

摄于湖南

如果挑战成功，你是否会在街上裸奔？弗雷迪·诺克对记者们千奇百怪的提问早已习以为常，但这个问题还是让他有些吃惊：为何要裸奔？因为报纸上是这样说的——瑞士人高兴时喜欢裸奔。电视台的主持人这样解释道。

湖南人对瑞士的了解，与德国人对湖南的了解一样，少得可怜。湖南作为中国中南部一个省份，许多中国人也尚未去过。对于我这样的外国人而言，湖南因三件事而出名：一是湖南菜香辣美味；二是毛泽东的故乡在此；三是有《阿凡达》悬浮山的原型。张家界（武陵源）的奇石地貌是地球上最大的侵蚀风景区，设有众多空中索道，这也是弗雷迪·诺克以及来自中国的挑战者赛买提·艾山此次高空挑战的目标。

诺克和艾山都对高空走索道钢绳情有独钟。世界上掌握此项技术的人，十个手指头都能数过来。两个人计划在没有任何安全措施（既没有安全网，也没有降落伞）的情况下走张家界的钢绳。要知道，张家界的峡谷深至500米，绝对应考虑使用这些安全设备。“如果有保护措施，那就不那么有意思了。”诺克在新闻发布会上简洁地说道。他不怕高空峡谷走钢绳，因为这是他的本行。对他而言，真正的冒险是特意赶来的媒体大军（其中有二十个电视台团队）想从他口中听到几句中文。

四十五岁的诺克，在整场新闻发布会上谈笑风生，无忧无虑、乐观自信的样子感染了所有人。他的对手艾山则表现得甚为拘谨，脸上一副忧心忡忡的表情。是不是因为所有人都认为他会赢，所以有压力？此前艾山已经在该峡谷成功走过一段钢绳，但当时钢绳两侧有斜拉绳支撑，而这次钢绳没有任何支撑，对风以及走钢绳者的移动，反应会更敏感。一位年轻的女记者问：如果刮起阵风，要怎么办？“那就努力保持平衡。”诺克平静地说道。就像我们记者经常会说：那就开写吧。只不过，选错一个词，不会像走钢绳一样，立刻有致命的后果。

全世界都在为他俩担心。对此，两位高空王者已习以为常，但他们依旧无法理解这一担心所在。“我根本不知道大家在担心什么。”诺克的语气中没有任何自满的意味。孩提时，他就以钢绳为家了。“在上面走和在下面走没什么区别。”他说道。

艾山是新疆人，虽然艾山的汉语比诺克好，但口音也很重。艾山是著名的达瓦孜传人，他的家族出了很多达瓦孜高手，历经了四个多世纪，好几个朝代。随着艾山的到来，新疆特色的杂耍、说书、音乐、年集、集市等都被带到了湖南。

诺克出身杂技世家，对不安定的杂技生活非常了解。“我们走钢绳的，是一个世界大家庭。”他这样告诉发布会的记者们，“艾山不是我的对手，而是我非常尊敬的同行。”话虽如此，两人要进行的角逐，可是一场生与死的较量。

“我明早想走一走。”诺克在发布会结束时说道。他的口气轻描淡写，仿佛是要围着酒店绕几圈，但他指的是走钢绳。他想试试钢绳的强度和稳定性，也想感受下峡谷的风力。于是，第二天他们便去了天门山索道。一路上，微风徐徐，沁人心脾。

天门山高达1500多米，山坡上满是郁郁葱葱的竹子和亚热带植物。密密麻麻的梯田，如同绿意盎然的马赛克画卷。

诺克由他的小团队护送着，有经纪人、理疗师、摄影师等，都是多年的朋友，还有诺克的伴侣希梅纳。他们都已习惯了激动。其他的陪同者，先抬头仰望着山上的缆车站，然后又低头俯视着山谷，无法理解这一切。这么高，这么深，不可能，完全不可能！然而，像诺克这样的高空艺术家，谋生的工具便是做他人甚至连想都不敢想的事。

还有一小时，缆车就要开始营业了。诺克快速地将他长10米、重20公斤的铝杆组装好，然后便像松鼠般爬上了支架的阶梯，中间还差点儿滑倒，大家都屏住了呼吸。在山上面，他在胸前画了个十字后，便踏上钢绳，高举铝杆，朝无人之境前进。

他不是慢慢地、试探性地行走，而是利索地、旁若无人地往前走。他的目光向前，而不是看着钢绳，更不是望向山谷。这是一个让人无法理解的场景：有人在空中漫步，竟然毫不费劲，如同模特在T台上走秀。大概30米后，诺克停住了，用脚上下测试着钢绳的弹力，接着如同游戏般又往回走了几步，然后又测试钢绳的弹力，最后他转过身，径直走了回来。就这样。下山后，他一脸平静地站在了记者面前，泰然自若地表示："我不觉得有困难。"

但这回他错了。

作为高空平衡王，诺克和艾山计划两天后挑战世界纪录，走迄今为止人类走过的最长的钢绳。平衡杆已经运上山了。从古希腊、古罗马时期开始，平衡杆就已是走钢绳必备的工具。但这被诺克改写了。此前，他在韩国举行的世界走钢绳锦标赛上走完后，抛掉了平衡杆，又往回走了整整1000米。原因很简单，在比赛中胜出，他觉得开心。而其他人拿着平衡杆还是无法保持平衡，只好手足无措地吊在汉江30米处。见到此状，诺克又去帮助失足的同行。他们小心地抓着他，爬上钢绳后紧紧扶住他的肩膀，摇摇晃晃地走回地面。自从这场惊心动魄的高空救助后，诺克成了远东最有名的瑞士人。

当诺克的团队在山上勘察地形时，到处都有人跟他们搭话。有的为谨慎起见，还问："是诺克吗？""是的。"诺克笑着答道，"我就是诺克。"然后这些人便像对待上帝一样触摸他、用崇拜的眼神看着他，只不过上帝不用老与人合影摆姿势。

张家界是湖南最受欢迎的旅游胜地，这当然也要感谢这样的巅峰对决。作为"蜘蛛侠"闻名于世的攀岩者亚伦·罗伯特，便曾经攀登了高130多米的天门洞，一座立于千寻素壁上的高山溶洞。还有一次，飞行表演队曾在天门山翱翔。此后，还有定点跳伞者身着带羽翼的套装，如同蝙蝠侠一般，穿行于此。往南一点儿，便是世上最长的玻璃桥，桥下是300米深的悬崖，保证能让你又紧张又刺激。而现在，这里又上演着"王者对决"——至少新闻报道的标题是这样的。索道的吊车将停止运行，一起停止的还有数万名现场观战者和守在电视机前观看这场对决的无数观众的心脏。

对决进行前，大家先去参观了武陵源自然风景区——一个有着三千砂岩峰林的奇妙世界。这里岩石陡峭，树木葱郁，是精灵和独角兽的栖息地。不久前，高200米的岩柱——乾坤柱被更名为哈利路亚山，这是电影《阿凡达》在世界上获得巨大成功后改的。据说，这一岩石天际线曾启发了詹姆斯·卡梅隆的《阿凡达》这一科幻大片中的超现实丛林及悬浮的山峰。因为砂岩峰的中间部分腐蚀比上部更严重，故而很多砂岩峰的形状呈棍棒型。从山顶往下看，是看不到底的。特别是云雾在山谷中缭绕时，山峰看起来真的像是悬浮着。那时，便更看不到山谷了，而山中有雾有云则是家常便饭。

德国的萨克森小瑞士国家地质公园（因其与瑞士接壤）或法兰克小瑞士国家地质公园与张家界类似，只不过张家界的石柱高度是德国石柱的三倍，数量也是其十倍。故而，不像浪漫派的圣山因为画家和诗人才变得出名，它是因一个科幻电影的导演而出名。

“我当然听说过潘多拉星球，但我不敢相信自己有朝一日会飞去这个星球。”阿凡达的英雄如是说道。去湖南参观的游客也一样，湖南并不在中国各大热门旅游路线上，去旅游的人不多。但现在，湖南花了很多心力要改变这一状况，发起了市场攻势，将张家界推销成电影拍摄地。虽然这里根本没拍摄过《阿凡达》，但很多旅行社将湖南之旅冠以“神秘的潘多拉星球之旅”的称号。尚在机场，就有蓝皮肤、猫眼的巨型美人在迎接我们。当然，所有人都想看看哈利路亚山。而这里与电影的场景不差多少。

晚上，诺克、艾山以及团队成员都是张家界露天舞台的客人。在天门山风景区高耸入云的岩石壁脚下，五百多名表演者每晚都在此上演着音乐歌舞剧《天门狐仙——新刘海砍樵》。其故事情节与《阿凡达》很相似，但取材于几千年前的民间故事，讲的是一个婀娜多姿、妩媚动人的白狐仙，让一个单纯善良的年轻樵夫为之神魂颠倒。这台歌舞剧，是一部宏伟巨制，舞台装饰华丽，灯光无可挑剔，群舞也是完美之至，完全符合人们对中国完美的想象。导演梅帅元曾参与制作北京奥运会开幕式，音乐则是由中国著名作曲家谭盾编曲。

沿途还在做最后的准备工作，来自欧洲的客人还去了凤凰古城游览。凤凰作为一个古老的商贸城市，紧紧依偎着四周均为水稻梯田的河床。这里的巷子、墙还有河组成了一个舒适的迷宫，可以称得上是远东地区的罗腾堡了。凤凰是为数不多的保持了历史原貌的中国古城之一。至今还有很大一部分人生活得像是在一个露天博物馆里，古镇的小孩儿还在上着当地的老学校，河上架的依旧是普通的木桥和浮桥，而大清早便有女人们在河边用棒槌噼噼啪啪地洗衣服。尤其是在夜幕降临时，灯笼和灯光链开始发亮，凤凰古城便散发出一种欢快的魔力，令西方来的拜访者无可救药地沦陷，如同樵夫见到白狐那样毫无招架之力。

第二天，是诺克和艾山一决雌雄的日子，时间当然是选在中午。索道没有作业，山路的转弯处围满了人，整条路上有好几组民间乐队在制造气氛。湖南少数民族众多，起先在此居住的是土著山民，如苗族、土家族、侗族等，汉族是后来才南迁至此的。现在，他们穿着传统的民族服饰，在类似的活动中敲锣打鼓，载歌载舞。民族舞是湖南的一大特色。

挑战者艾山第一个出场。他孤单地站在高高的支柱旁。在这广袤雄伟的风景中，他看起来就是个小小人。他的白衬衫和朱红色的翻口靴，在雾气中闪闪发亮。艾山大踏步开走，但很快便止步了，只见他巧妙地如同变戏法般战胜了这一阻碍：顺势一滑，劈了个叉，然后舒适地躺在钢绳上，将长杆转在肚子上。他起身的速度，比人眼观看的速度还要快。他又往前走了一截，掌声四起。

50米后，艾山到达了第一个吊车处。他小心地攀爬过吊车的吊架，继续往前走。观众不敢继续往下看，但又必须往下看，这就是杂技的矛盾之处。走钢绳的人，集人类的牺牲者和超人这两个角色于一身。

然后艾山失足滑倒了。

这一切发生得非常快。观众的心一震，岩石壁响起了许多人叫喊的声音。还好艾山还抓在钢绳上，长杆也能紧紧抓住。他在钢绳上晃来晃去，试图保持平衡。他受伤了吗？然而，他慢慢又站起来了，举起了拳头。掌声四起。

他又走回了吊车处，将长杆放在吊车顶上，然后自己也一个引体向上坐在了吊车上。所有人都大大地松了一口气——仿佛艾山已坐在坚实的地面上了。最终，吊车开了，将艾山送回了出发点。他看起来有点儿像瓦格纳伟大的歌剧《罗恩格林》中的男主人公——圣杯骑士罗恩格林坐在小舟中。

诺克已经准备就绪，他的夹克上印着一个很大的瑞士红底白十字。在这里，他是个异类，是个欧洲来的疯子。艾山刚返回，诺克就轻快地开走了。他想从钢绳上走上山去，如果可能的话就走到顶峰。他的长杆两端晃动着，如同蝗虫的触须。但他也停下了，随后又往前走，然后又停下了。第一次停下时，他还自信地朝这边招手。第二次停下时，他将额前的头发捋到后面去，而这是不正常的。

是不是跟风有关？跟前一天不同，现在艳阳高照，峡谷中气流上升，原本也不是什么了不起的事，完全可以保持平衡。

钢绳越来越陡，诺克继续向前踏步。万名观众仰望着他，但此刻他却是高空世界中最孤独之人。对观众来说，史上最长的一刻钟开始了。诺克在峡谷上空大约走了300米，在下一个吊车处，他停住了。诺克的野心在和理智交战。最终，他也给出了返回的手势。

他双脚刚着地，媒体的问题便扑面而来。不是风的问题，他解释道，也不是坡度的问题，而是钢绳的问题，钢绳不够紧绷，在脚下转来转去。在练习的时候，没有风，且勘探地形时也没有走得够远，没有感觉到这种旋流。

诺克和艾山，这俩人都赢了，因为他们还活着。艾山现在状态也轻松了不少，气色良好，还说笑着。他是第二名胜利者。也有可能是他故意失足，营造出差点儿丧命的场景，这样既保持了颜面，同时也能保持诺克的颜面。作为真正的走钢绳者，他们已经在计划接下来要挑战的目标了。下周，艾山将把张家界的岩石天际线换成上海的天际线，在两栋高楼之间进行死亡行走。诺克想去的是马特洪峰——阿尔卑斯山最为人熟知的山峰。就算他这次没有完成自己设定的目标，但他还是创造了一个非官方纪录：此前从未有人在无任何保护措施的情况下高空走过如此深的峡谷。而长距离的纪录，他下次再打破好了。也许，这也是他后来没有在张家界裸奔的原因。

与第三物种的相遇

云南自然朝圣

摄于云南

二十年前，李家鸿老师听到了一种从未听过的歌声，是从原始森林深处发出的一种挑战式的长啸，他瞬间痴迷了。无论什么时候有村民告诉他，自己听到了或看到了“黑猿”，他都会试图去寻找其踪迹。八年后，他在与缅甸接壤的高黎贡山拍到了第一张照片。慢慢地，国际研究机构相继入驻。最终，来自四大洲的各路专家都参与进来了。2017年年初，他们发布了相关的研究结果。乡村教师李家鸿发现了一种新的类人猿。

当然，不是他一个人发现的。根据《美国灵长类学杂志》2017年5月的报道，该杂志派出了由动物学家、解剖学家、遗传学家以及进化论研究者组成的多达十五人的团队来参加这一研究。新的类人猿取名为天行长臂猿。“天行”出自《周易》：“天行健，君子以自强不息。”同时也是因为长臂猿是“空中杂技演员”，容易让人想起《星球大战》的绝地武士卢克·天行者。但最重要的是天行长臂猿不起眼的附加名“sp. nov.”，这是拉丁语species nova（新种）的缩写。现今的生物学家，如果能在哪个洞中发现一种不知名的蛾子或者是一种深海水母，就已经很自豪了。而现在，中国人发现了一种新的类人猿，这是与人最接近的物种。这样的发现，估计只会被发现喜马拉雅山雪人或火星人超越。

李家鸿的照片后来到了范朋飞的手中。那时，范朋飞还是大理学院（现大理大学）一名年轻上进的野生动物学家。一开始，他尝试将天行长臂猿归类到东白眉长臂猿，“但不对路”。

他对此进行了长久的研究取证，请来了研究灵长类头颅、皮毛、牙齿等的分类专家，研究了天行长臂猿的粪便样本，找了孟加拉国各大动物园甚至是费城各大博物馆的对比样本。位于哥廷根的德国灵长目动物研究中心派出了遗传学家克里斯汀·卢斯。卢斯将这一研究称为“综合分类学的典范”。

但天行长臂猿的发现，先行者无疑是李家鸿。我们和他约好在百花村保护站见面，这是高黎贡山自然保护区十一个保护站之一。这是一个集野生动物守卫者基地、管理基地、警察局、火警中心以及游客避难所于一身的地方。我们问他，见到天行长臂猿的机会有多大。“这要看长臂猿的心情如何。”他用内行的口吻答道，“还要看你们的运气。”

不过，第一天我们的运气不怎么样。可是，我们却能和“类人猿李”一起穿梭在丛林里。这是一个典型的热爱自然的人，属于自学成才者，不拘束，坚持己见，甚是专业。他受雇于高黎贡山保山管护局，风雨无阻地穿梭在林中，给在林中居住的动物摄影、录像。动物的种类，从巨松鼠到红熊猫，应有尽有。有时晚上，他就在林中搭帐篷过夜。“我不怕动物，更怕人。”他拍摄的照片作为记录文件，也被用于课堂。作为教育家，他参与创建了“自然学校”，组织家庭和班级去山上郊游，类似的活动只在台湾有。

近些年，有很多新物种被发现，也有人发现了被认为已灭亡的物种。“物种到处都在减少，只有我们这里是在增多。”李家鸿笑着说道，真是“有上加有”。最近黄石公园的负责人来此参观，看到这里的景色后，一改之前的风格，变得沉默，并最终承认：这样的自然，他一直都梦想看到。

我们带着好奇，也带着一点儿拘束，进入了山林的朦胧世界。我们的第一印象是不知所措。成片的林，让人看不到树，一切都在萌芽、生长、腐烂。玉兰与山茶争艳，月桂与茶树斗丽。树只是作为卷须、地衣以及藤本植物的支架，细的如细绳，粗的如蟒蛇。

李家鸿一脸认真地研究着路边的熊粪——有几名同事曾被狗熊咬伤。山脊处，几名女农在采摘茶叶，这些茶叶最后会被碾成茶盘，闻起来让人着迷。包装上印有长臂猿一家睁着类似圣伯纳犬的眼睛望向一个未知的未来的照片。

就是在这里，李家鸿第一次看到了天行长臂猿，这一天对他的纪念意义重大。“那是2005年5月16日的清晨，我听到了长臂猿的长啸，便径直往山上跑，然后看到两只长臂猿在树冠间穿行。”长臂猿看到他后匆忙逃离，而他则在后面追。雄长臂猿在呼叫雌长臂猿时，雌长臂猿转身回头——李老师便是这样拍到第一张高黎贡长臂猿的照片的。

当范朋飞带着学生过来时，李家鸿便和他们一起潜近观察长臂猿。长臂猿一开始非常害怕，因为当时还有人猎捕它们。感谢李家鸿的保护，它们慢慢变得不再害怕人了。我们当然也希望能这样与长臂猿建立信任关系，可丝毫不见长臂猿的踪影。

不过，李家鸿还是非常有信心能见到长臂猿，因为周应双正在山那头仔细查看森林中是否有长臂猿的影子。“周应双是我最得力的助手之一，他会找到长臂猿的。”李家鸿是自己雇请周应双的。当时，他在各村打听“有经验的人”，其实是指“有经验的猎手”。虽然狩猎在二十年前就禁止了，但村民相信他，毕竟他们中有些人的孩子曾是他的学生。

夜幕降临，我们下山返回保护站。我们住宿的地方非常朴素：自来水在阳台，公共卫生间在院子里，床是硬木板床。一位护林者的妻子负责膳食，另一位负责打扫。家属也能有份小事儿做，为护林者这一职业增加了一点儿吸引力。护林者每个月的工资约一百八十欧元。对护林者来说，能穿上护林工作服也是一种骄傲，虽然管理站并没有足够的钱给所有的护林者（共两百人）购买护林工作服。

第二天的早饭吃了好久。“还要面吗？”“不用了，谢谢。”“还要木瓜吗？”“好的，谢谢。”“要不要与护林者说说话？”“迟一点儿吧。”“你们还要不要自己再待一会儿？”“没必要了。”最后，李家鸿不情愿地承认：“我们找不到长臂猿。”

我们决定先在百花岭碰碰运气。百花岭位于怒江河谷北岸约100千米处。怒江在缅甸被称为“萨尔温江”，是云南三江并流中位置最西的江。地球上三条最大的河流在这里自北向南并流，像极了一把叉子的三段叉尖。金沙江作为长江上游，先是南北向，后为东西向，跨越大半个中国，最终流入黄海。而澜沧江（出中国后名为湄公河）则一路南下，流经老挝、缅甸、泰国、柬埔寨和越南，最后流入中国南海。萨尔温江则注入印度洋的安达曼海。萨尔温江可能在国际上名气会小一些，但它却比多瑙河还要长。

怒江就那样静静地潺潺而流，如流动的玉一般闪耀。1942年夏，它一定也是这番模样。当时，日本军队从缅甸向北方紧逼，意欲将中国南部以及英属印度东部地区控制在自己的势力范围内。当时，中国军队的军需是通过滇缅公路供给的。滇缅公路是一条先锋之路，直达昆明甚至更远的四川——蒋介石政府的防御基地所在。而日本军队跨越的正是这条路，直逼怒江西岸。当时仅有的几座桥都被炸毁了，日本军队便到处找浅滩。直到某处，怒江看起来像是静止了。日本军队于是将坦克开了进去。

但怒江却将这些坦克视为玩具，将其冲得一消而散。怒江顾名思义，是一条会发怒的江。日本军队无法渡过怒江，他们一路胜利的步伐在这里终结。

时至今日，依然只有几座桥架于怒江之上，其中便包括非常现代的高速公路高架桥。往北些，有一座供行人和骑自行车者使用的临时桥，是2008年为了修建发电站而建设的。当时决定，仅在怒江便要修建十一座梯级大坝。经过反复论证和辩论，这一计划被搁置。

高黎贡山不仅有中国最丰富的生物多样性，这里的文化多样性也是最高的。除了汉族外，百花岭还生活了傈僳族、傣族、白族、彝族、回族以及其他民族的各种组合。百花岭在中国被人熟知，是因为该村曾赢得了一起大面积违法伐林的官司。

从二十世纪八十年代起，百花岭就出台了治理侵蚀的措施，是第一批与侵蚀进行斗争的地方之一。林农更愿意种植能吸引鸟的树和灌木丛，因为更多的鸟会吸引来更多的鸟类学家。世界上没有几处能在三小时内不费吹灰之力观察到四十种鸟的地方。“如果用望远镜的话能看到六十多种”，侯体国强调道。人们称他为“鸟语者”。还是学生时，他便经常用弹弓打鸟，有松鸦、野鸽、夜莺、画眉等。“它们的味道好极了。”他经常给老师带自己打的猎物，“这样老师就不会对我那么严格了，但我考试还是没过。”

1989年，一对来自台湾的教师夫妇聘请他当向导。“他们只是想看鸟，而且还付钱给我！”是他们改变了他。从那以后，他再也没杀过一只动物。这对夫妇后来还介绍一些志同道合的人去找他当向导。第二年介绍的是一位英国的观鸟者，还带了一位尊称侯体国为“侯老师”的女翻译。在那之前，人们都是称他“小侯”。尽管如此，他还是保留了从前的淘气机灵：滑雪教练的体格，总是很好动，当然也爱喝两杯。如果说百花岭是中国的“不屈服之乡”，那他就是“不屈服之乡”的高卢英雄。最近，他和保山机场停车场的门卫发生了口角：“你不要用这种口吻和我说话，有我才有你的工作。因为我们，保山机场每天才有第二架飞机着陆。”

侯家的新房，很是独树一帜，别的村庄没有。这是一栋木桩结构的建筑，向前突得厉害，颇有未来派风格，仿佛要充当邦德电影的背景。昆明一所学校组织了班级来百花岭参观三天，住的地方便是侯家。晚上，这些学生便将白天的经历写在纸上："在森林里的时候，我们非常安静，这样就不会吵到熊了。""我今天第一次在餐厅之外看到了一只青蛙，青蛙居然没有跳走。"……

侯体国的父亲是1935年出生的，经历了"飞虎队"的空战。邻居们都背地里笑侯父，因为他老是把抗日战争挂在嘴上，而且每一个子弹壳他都收集了。但当阵亡的美国士兵的孩子来百花岭祭奠时，侯父作为一个"国际老人"的名望则日增。他会换上赤红色的丝质衣服，带着他们去到他那破旧不堪的小房间，看那些泛黄的照片、凹陷的钢帽、缅元纸币、美式弹药箱等。观看这些东西，是很扣人心弦的，因为未爆弹并没有经过处理，随时有爆炸的可能。不过，侯父最大的宝贝是他的记忆。他滔滔不绝地讲起日本人抢光了傈僳族人的村庄，强奸了村庄的女人后，傈僳族人是如何用弓和箭反抗日本人的；还有他一家人在灌木丛里藏了两年之久，食不果腹，只好用一头猪作为试吃员，试吃林中的植物根或者蘑菇，看看哪些能吃……他们用白毛巾做成剑状，以这样的方式告诉"飞虎队"的飞机日本人的位置。战争结束后，他们还去了炸弹爆炸的坑里参观，说"一百多只水牛在里面打滚都没问题"。

村里的人给观鸟者搭建了许多观鸟点。观鸟者可以称得上是“鸟类狗仔队”，配有超级职业的装备，登上山坡，身着迷彩服，潜伏在林中。到处都是叽叽喳喳、啁啁啾啾、呖呖嘎嘎、哑哑咕咕的声音。据说这里有六百种鸟，比全欧洲的还多。沿着一条浪漫的小径，可以通到瀑布、岩洞、温泉。这里完全可以拍摄一整季的《人猿泰山》。只不过，我们还是没见到长臂猿，运气不好。

我们只好看看游客服务中心前面的长臂猿组图。图上画了雄长臂猿、雌长臂猿以及小长臂猿一家。靠边一点儿是“忧伤的长臂猿寡妇”，长臂猿寡妇的经历，更多的是为了扩大保护区的知名度。长臂猿寡妇的配偶也许是被一只鹰啄死了，从那以后，它就试图接近隔壁的长臂猿家庭，经常发出令人心碎的长啸。它用树叶装扮自己，向隔壁的雄长臂猿求偶示爱，但遭到冷遇，因为长臂猿是严格的一夫一妻制，长臂猿寡妇也许永远都找不到伴侣了。虽然保护区的面积是巴伐利亚的贝希特斯加登国家公园面积的二十倍，但道路越来越多，保护区被隔成一块一块，这对在树梢间活动的长臂猿来说是障碍。超过10米，即使是长臂猿也无法跨越。长臂猿一群群分别居住在各个深林岛屿上，近亲繁殖的风险很高。

在村庄后面有一条不起眼的路，这条路顺着山势盘桓而上，属于曾经的从四川直达孟加拉湾的贸易通道网，即“南方丝绸之路”，这个说法也是最近才有的。虽然地势陡峭，但这里有两千多年的长途贸易往来，驮货的牲口和挑夫从中国带去了贵金属、武器和丝绸，而象牙、珍珠母、玉石等则被引入中国。我们在并列的林间小路上走走停停，来到了山的西边。

说起怀揣研究目的来这一地区勘探的老一辈学者们，则不得不提到约瑟夫·洛克这个人。他长住在丽江，曾带着骆驼商队行至喜马拉雅山，因为沿途有很多强盗团伙，他还特意带了保镖。中华人民共和国成立后，他离开了中国。洛克二十岁时便已经移民至美国，故而大家一般都认为他是美国人，但其实他是个彻头彻尾的奥地利人，求知欲很强，属于自学成才型。他对远方国家和文化的向往，是极度非美式的，还有就是他经常对自己的中国厨师大发雷霆，多次因为厨师不会做维也纳菜而解雇他，但每次又重新雇用他。

以前，骆驼商队路线的要害点是桥梁。我们惊奇地打量着龙川江的“风雨桥”。它建于明代，后被铁桥替代，但铁桥没有挺过战争。后来，人们又按照以前的木结构重建了木桥，但出于历史意识的成分较少，更多是因为当时金属短缺。远观风雨桥，它看起来像是一头毛茸茸的巨兽，木制的栅栏是其皮毛。南边高耸的高速公路桥不是朝向河谷，而是从一座山峰架向另一座山峰，仿佛有人在两块砖头中间架上了一块厚板，只不过这块厚板的长度是2.5千米。桥下，云儿在山谷翻腾。在最后一丝日光中，我们回到了李老师在百花村的家。

第二天的早饭则在突然中结束。“我们发现长臂猿了！”一个保护区的守卫喊道。我们慌忙朝车奔去。开了一段上坡路后，我们大踏步进入了森林。在一棵巨大姜科植物的遮盖下，周应双在等着我们。他微笑着指向树梢上的三只长臂猿，不，是四只，雌长臂猿胸前还缠着一只小长臂猿，而雄长臂猿则和另一只长臂猿从一个树梢跃向另一个树梢。它们津津有味地嚼着嫩叶，仿佛每片嫩叶都是美味佳肴，时不时抓抓身上的毛挠痒，然后又继续嚼嫩叶——完全无视我们的存在。必须要运气好，才能看到这一幕。

长臂猿们翻来滚去，仿佛对重力免疫。我们谨慎地跟随它们穿梭在林中，忘记了时间。周应双则去了保护站，去吃点儿东西。像他这样的野生动物保护者，是山林中真正的英雄。夏天，季风多发，经常下暴雨，他要坚守在林中，而冬天则蜷缩在他们据点那湿冷的小屋中。他们随时面临陷入沼泽或被灌木丛中难以辨认的尖硬如矛的竹竿刺伤的风险。虽然薪水微薄，但他们却像呵护自己的眼球一样细心呵护着那么一小群长臂猿。

在中国境内，天行长臂猿的数量少于两百只，可能在对面的缅甸会有更多只，但具体没人知道。而作为受到威胁的动物的代表的大熊猫，数目约为长臂猿的十倍。亚洲的猿类四分之三都濒临灭绝，其生存空间95%都在萎缩甚至是消失。地球会变成一个没有猿类的星球吗？一篇最近发表的关于灵长目动物的研究论文证明，现在的地球人只有“最后一次机会”来拯救灵长目动物。

周应双又回来了，回来替我们。告别的时候，我对他的帮忙表示感谢。“没事，”他眨着眼笑着说道，“李老师答应多给我一碗粥喝。”其他的护林工如果要加班，会要求给加班费，而他却把这视作自己的任务。我想向他表达我深深的敬意，但我能想到的语言，不是太苍白就是太煽情。豁出去了！无论我是否有这个权利，我代表全人类感谢了他。他点点头，尾随着自己保护的对象，往林中深处去了。

圣马响沙

在内蒙古的发现

摄于内蒙古

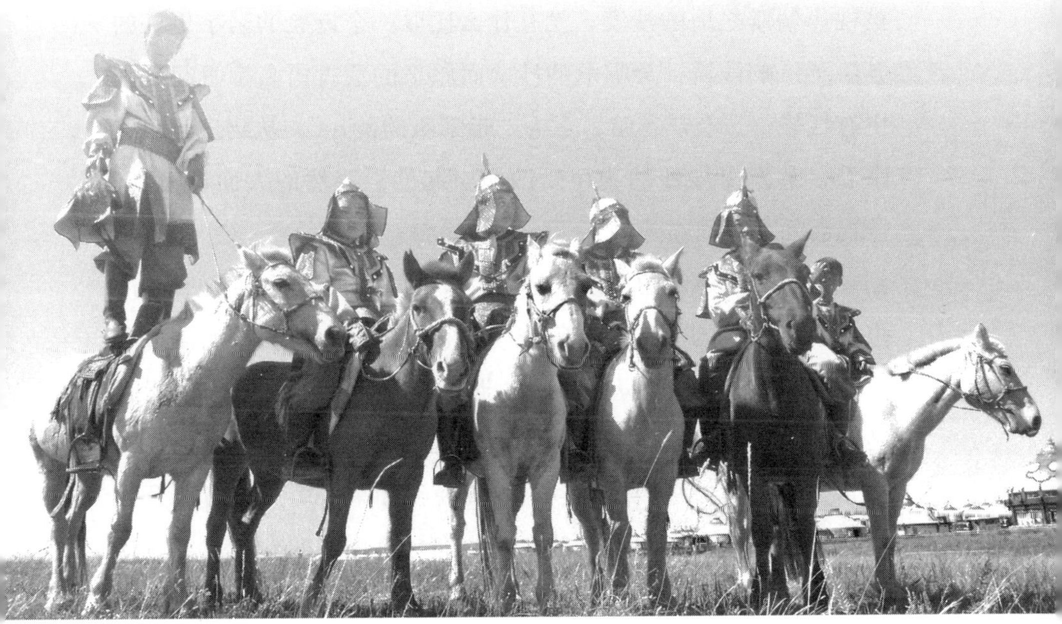

一年当中有三四次这样特别的日子，响沙湾沙漠会唱歌，沙丘会发出轰隆声，轻则沙沙作响，重则如注暴雨。周剑已经经历过一次，虽然他试图用喉咙和嘴发出种种声音，但依旧无法模仿出沙鸣的声音。周剑是响沙湾管理层的一员，我们称他为“沙漠守卫”。几年前，还没有人会来内蒙古这个荒野之地。而现如今，每个夏天都有四十万游客蜂拥而至，一睹这个有着100多米高的沙丘的风采。

响沙湾是亚洲最东边的沙漠，是大戈壁的支脉。虽然只是个大的沙箱，但却成了观光团闲暇时的游玩地。关键在于，要懂得如何将“有钱”又“有闲”的人们吸引到一个在整个中国被视作偏僻之地的沙漠。没有什么比取一个诗意的名字更好的办法了：响沙湾，会唱歌的沙。而原来的蒙古语名字听起来则更有气势——布热芒哈，意为“带喇叭的沙丘”。从物理学角度来看，会发出沙沙的响声是沙崩引起的，突然的大面积滑溜，沙丘会陷入摇动。

这是一个神奇的沙漠，是一个集惊吓和奇迹于一身的地方，很多中亚伟大的旅行家都曾赞颂过它。中国东晋时期的法显和尚：“沙河中多有恶鬼、热风，遇则皆死，无一全者。上无飞鸟，下无走兽。遍望极目，欲求度处，则莫知所拟，唯以死人枯骨为标识耳。”马可·波罗：“夜晚，如果一个旅行者离开同伴，便会听到有人叫自己的名字，那是鬼怪在叫他的名字。这种事也会发生在青天白日，可以听到音乐的声音，特别是鼓声，这也是鬼怪发出的声音。”而童话作家米切尔·恩德的成名作“小纽扣吉姆”系列中的假巨人图图先生，也是住在这样一个沙漠里，里面满是“令人毛骨悚然的声音，十分可怕，没人受得了”。而这里的窄轨铁路与小纽扣吉姆去的卢默尔国的铁轨也出奇地相像。

但游历响沙湾，你将会获得与图图先生的经历截然相反的体验：从远处看，响沙湾就像一个沙漠模型。但如果真的站在响沙湾里面，你会感觉自己是第二个世界级探险家斯文·赫定。一望无垠的沙丘，灰黄、陡峭而松散。不过，中国游客来这里不是为了感受英雄式的孤独。恰恰相反，他们来这里是因为有这么多人想来，觉得这里一定会很有意思。

这是一个没有界限的游戏，想绕响沙湾走一圈，如同走一个障碍物跑道，可以通过大相径庭的交通工具来完成：索道、骆驼、沙漠巴士（经过改装的无篷两栖车）、全地形车（一种摩托车，带操纵杆，四轮）、窄轨，也可以一屁股坐在沙上，从最高的沙丘上滑下来。当然也可以走路，应该说是深一脚浅一脚地往前趔趄。每个人都会分到彩色布鞋套，布鞋套将脚绑得严严实实，没有它们，在沙中很难前进。更别说那群踩着高跟鞋的年轻漂亮的女子了。她们是来自边境城市的招待吗？还是参加选美大赛的小姐？她们看起来像俄罗斯人、哈萨克斯坦人。她们充满自信，今天的沙漠是属于她们的。

这个谜团的答案是：这是一个歌舞团在团建郊游。这些姑娘都是演员、杂技员，在往东约一小时车程的地方演出闻名中国的《鄂尔多斯婚礼》。这是一场民俗风情歌舞盛会，演员的服装鲜艳，五彩斑斓。与之相比，百老汇的每一场音乐剧都黯然失色。鄂尔多斯婚礼发源于古代蒙古，十年前被设计成大型歌舞，是蒙古民族文化的缩影。

鄂尔多斯，旧名东胜，曾是荒原里的一个偏僻城镇，但如今已经发展成为一个拥有一百五十万人口的大都市。这是一个没有恒星的卫星城，一个由混凝土组成的爆炸型城市。

不远处，便是成吉思汗陵。成吉思汗意为“拥有海洋四方”，让人不难想象这位蒙古可汗驰骋疆场的魅力。之所以会想起成吉思汗，要感谢一种软得不能再软的料子。当地的纺织厂将开司米羊毛毛衣打上“鄂尔多斯”的商标，推向市场，获得了惊人的成功。如今，这家企业已经涉足采矿、金融等领域，但依旧主要经营开司米羊毛，拥有世界上最大的开司米纺织厂，职工八千人，拥有上百万只山羊。

毛衣推广可以大获成功，在城市推广上同样也可以。在鄂尔多斯建筑上成排点缀了蒙古风情的装饰，半圆形结构、半乳房形、半钉盔形修饰了所有的建筑，从市政府到加油站不等。

事实上，内蒙古是很愿意将自己打造成中国的狂野西部的。伸展开来的牛仔帽与得克萨斯的相比，毫不逊色。因为煤、铀、贵金属储量丰富，内蒙古经历了一次真正的“淘金热”。

要想遇见相对集中居住的蒙古族人，得去农村和小城市，蒙古族人越来越多聚居于这些地方，因为周边有学校、医院、超市等配套设施。如果想邂逅真正的游牧蒙古族，即赶牛车、马群以及居住在移动蒙古包的蒙古族，那得往草原深处去。

在这个有着南非大小的省份，三小时的车程还算短的。路上，我们途经阴山山脉。阴山山脉自古以来就是汉族文化区和蒙古族文化区、农耕民族和畜牧民族的分水岭。阴山山脉十分漫长，自西向东共1200千米，但只有1000米或1500米的高度，无法作为长期的屏障。虽然山脊上也有蜿蜒的长城，但依旧只能将互为邻居的汉族和蒙古族部分分开。几百年来，围绕着这一地区的统治权，不仅有蒙古族、汉族，还有藏族、满族，以及俄罗斯人，各方展开了角逐。“二战”时，这一地区曾被日本人占领，后来又被中国收复。如今，内蒙古作为自治区，享有与其他省份同等的地位。

与此同时，蒙古族的东西也都非常流行，这得感谢姜戎那扣人心弦的小说《狼图腾》，这是近年来被评论最多的书之一。姜戎在里面讲述了蒙古族人的草原生活以及他们与汉族人的复杂关系。如今，电视上、广告上到处都是浪漫草原的画面。作为旅游地，内蒙古近年来也成为中国很受欢迎的地区。香格里拉连锁酒店便在一片草原上建起了分支。不久前，它还是呼和浩特唯一的国际酒店，但现在其他连锁酒店匆忙发力，纷纷建立分店，因为看到了香格里拉的成功。来自经济界、政治界的精英们在城市里谈好生意后，也会想感受一下传奇的蒙古族文化。而在草原的某处，便有豪华的蒙古包在等着他们的到来。蒙古包里配有吹风机、香皂还有丝质拖鞋，当然也有篝火以及满天的星星，都是一流的。

只是在名胜古迹这块，内蒙古有点儿不尽人意。几十年来，中国的宗教寺庙、封建君主制的遗物以及少数民族的文化遗产都在败落，现在政府正在努力对其进行紧急修复。这里一个喇嘛庙，那里一个王侯官邸。快速培训上岗的导游，讲述着人们知道的仅有的信息。

蒙古族歌舞是最吸引人的。正因如此，在豪华酒店不远处，出现了一个规模约一兵营大小的度假区，里面有一百多个蒙古包，有的是混凝土的，只是用布装饰了而已，这样嵌入式厨房以及浴缸才能在里面有一席之地。每走一步，都有成群的蝗虫飞起，发出嚓嚓的声音。

与响沙湾一样，这里的旅游业也是大张旗鼓地进行着。在中国这个人口众多的国家，是可以这样引导的。自然虽然有时被草草混合在旅游行程中，但并不会被破坏。浪漫主义和集体消费，两者并不相互排斥。相反，集体浪漫主义被视作是感觉的最高阶段。迄今为止，西方游客来得很少。如果有来，都会受到热烈的欢迎，但有没有也无伤大雅。和其他类似的大工程一样，格根塔拉草原主要是为了中国游客而开发建设的，他们很多都来自香港、台湾。另外也有新加坡华人。

到达格根塔拉草原时，巴士两边都有骑马者疾驰而过，他们可不是拦路抢劫者，而是VIP护送人员。他们举着在风中飞舞的旗帜，护送着游客去停车场，那里早就有笑容可掬的女招待们在欢迎着游客的到来。接着，重头戏开始了：一顿蒙古美味。内蒙古人一般都是吃肉喝酒，吃到过瘾为止。然后是活动项目——草原十项全能。游客们可以比赛射箭、摔跤或者听蒙古哀歌，可以骑摩托车疾驰在草原上或者乘坐超轻飞机翱翔在草原上空。大量采购纪念品，包括狼皮毛、牛仔帽、开司米羊毛围巾等，是另一个必备项目。

当然，你也可以骑马。这里有五六十匹马随时待命。如果在欧洲骑马，马术教练先要将辔具、马镫调好，马鞍、肚带系紧，教好骑马者注意事项，然后骑马者才能缓步前进，教练会走在前面。但这里则全然不同。有的人还在坐着，有的人已经按捺不住自行跃上马了。马儿们认识路，故而对骑马的生手不以为意。马儿们健步向前，虽有些杂乱，但却斗志昂扬，且令人吃惊地步调一致。它们不乱咬，不乱蹬乱踏。相反，它们寻求的是一种紧密关系，是团结一致，是集体安全，这是真正的中国马群。

随后，领队来了。这么一大群人，只有他一个领队。他从最后面来，但却毫不费力地超过了马群，在疾驰中二一添作五便将马群调度得不再杂乱无章，马群瞬间顺序井然。他的样子像极了一位调度一支溃不成军的连队的将军，十分英姿飒爽。二十分钟后，马队到达了目的地——领队的蒙古包。游客们没有很多时间细细赏玩，因为巴士或妻子或蒙古火锅已经在等着了，但他们可以向人夸耀去了草原，在一望无际的草原上骑了马，感受了草原的风，看过了浩瀚的苍穹。

最重要的是：在做这些事时，有人给他们拍了照！

中国制造之未来

科学大国，路漫漫其修远兮

摄于北京

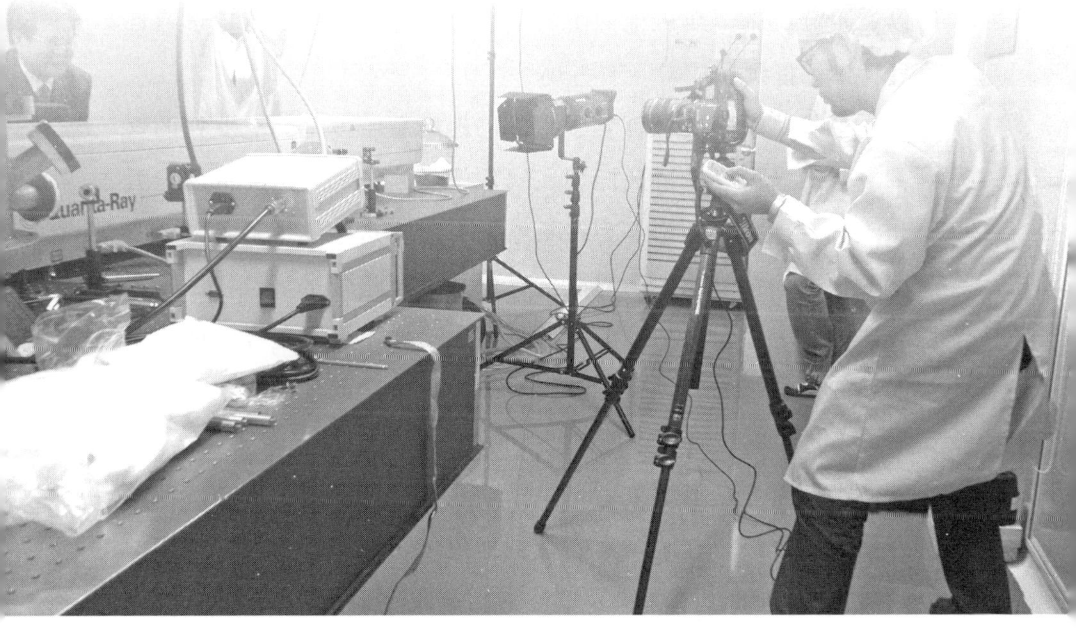

子曰：学而时习之，不亦说乎？孔子《论语》中的第一句话在中国的普及程度，可以抵得上《创世记》的开端在西方的知名度。从某种角度来看，可以认为中国整个文明都是以这一句话为基础的。在最贫穷的乡村学校，孩子们数年累月一个接一个地记着汉字，方法是一遍又一遍地写，直到最后掌握几千个汉字。这是无与伦比的记忆成绩。如果人类可以从一种文化中学习如何学习，那就是从中国文化。

哈里爵士却认为，中国学习得依旧不够，最起码在学习西方科学研究的核心品质上是不够的，而这些品质促使他——哈罗德·克罗托取得了各种成就，最后还获得了诺贝尔化学奖以及贵族头衔。所以他向上海的听众灌输：学习好奇！学习怀疑！学习批判！

中国科学院约三百名学生冷静地听着哈罗德·克罗托的这番演讲。当克罗托讲到他现在居住的国家——美国的神创论者和原教旨主义者的影响力在日益增大时，这些学生不禁露出震惊的怀疑表情。他怎么可以这样忽视进化论，把宗教狂热置于医学进步之上？中国可能有各种问题，但不会有这样的认知错误。如果可以向一种文化学习客观，那就是向中国文化。难道东方不是更应该向西方传教？

经过了经济奇迹之后，中国现在也想实现科学奇迹。怀揣着伟大的目标，这个国家有计划地投入了大量精力，希望将学术研究提高到世界水准。而这个国家也拥有无数的聪明头脑。

在过去的十年中，中国对科学发展的支出增加了六倍，中国的专利数和在国际期刊上发表的论文数各增加了四倍。现在，几乎所有的西方研究机构都在北京设有分支。“中国热”正在兴起。

这一巨大攻势的最新例子傲立在浦东——上海超级现代的黄浦江以东地区。也可以说它是漂浮着的。因为，同步辐射加速器的铝外壳闪闪发亮，看起来像是一个正要着陆的飞碟。这个价值1.5亿欧元的粒子加速器是由中国科学院、中国科技部和上海市共同投资的。上海市市长还大大提高了对加速器铝外壳的预算，这样上海便能获得一个新的城市地标。“我们更希望把这钱投入到研究中去”，中国科学院上海应用物理研究所所长赵振堂坦言道。

安全闸门嘶嘶地打开，将参观者带到了二十年后的未来。通过一个碧玉色的水池后，我们进入了一个崭新的魅力技术世界，这里的一切都在发光发亮，而穿着整洁的研究队员正满怀期望地弯腰投入在自己的仪器上，勤快的助手则在各个团队中奔走。400多米的真空圈将电子加速到几乎是光的速度。然后，这些电子射向廊檐式的基站，在那里展开各自的实验。这些原本是常规的基础性研究，但电子加速器在全世界范围内已发展成了通用工具，从医学到材料技术的各大领域都有使用。

一阵呼啸在大厅中盘旋，但应该不是呼啸而过的电子发出的迎面风。控制室里有五十台显示器在发着微光，显示器上面的氖灯发出的蓝光，映出的是研究所的所训：光明与真理。研究所一共八个基站，都围满了人。来自不同大学的团队，都在争相追求着珍贵的“放射时间”，其中包括核研究人员、生化学家、病毒学家、考古学家等。

“我们的预定已经排满了一年。”赵所长高兴地介绍道。这是一个聪明、极度开明的中国北方人，五十岁。研究所的其他三百名工作人员都比他年轻。每天早上在他办公室集合的闲散队伍，很容易被人当作是学生工作团，但这些人可都是电子辐射加速器的领导班子。他们无一例外都在西方接受了高等教育，对于国际科学研究的准则早已了然于胸，他们操作的是世界上功率最大的一台机器。

中国发生了什么，以至于现在真的开始出现了科技“大跃进”？

子曰：民可使由之，不可使知之。为了理解电子辐射加速器这样里程碑式的工程意味着什么，我们得往回看，得和陈佳洱这样的研究者聊一聊。他不仅是赵振堂的老师，也影响了当今中国所有的物理学领军人物。他已经八十多岁了，但依旧经常去北京大学重离子物理研究所，和学生共同打造与等离子激光、纳米微粒相关的大胆计划。他看起来根本不像一个干部，但这个带着厚重镜片、发出年轻笑声的小个子老人曾经是，现在依旧是中国研究界一位重要的代表。

陈佳洱是中华人民共和国成立后派往西方的四位博士之一，就像今日送往太空的太空员一样，皆是万里挑一的人才。但回国后的他因种种原因，并没能在北京大学的研究工作中待多久。“您肯定不会相信，他们让我当了校长。”陈老的脸上是好心情的笑容。他几乎带着孩子式的欢乐，向我们展示了研究所半陈旧半高度现代化的仪器园。陈老因为致力于国际合作获得了德国联邦十字勋章。德国人知道，从头开始意味着什么。

现在，中国支持科研工作者的坚定态度，是世上任何一个国家都无法比拟的。中国正在实践史无前例的知识大更新。

和其他领域一样，中国在科学领域最先引人注意的是其前所未有的发展动力。这让西方的观察者更为吃惊，因为他们已经习惯了东欧共产主义政府的停滞不前。虽说中国现在还存在计划经济和计划科学，但中国已经在赶超的道路上了。

长久以来，传统的束缚被认为是禁锢中国科学发展的主要障碍之一。太僵硬，太老套，太缺乏创新，中国长久以来并未真正向世界开放。但现在，这些已经发生了改变。一直到二十世纪九十年代，中国和欧洲的合作都被视作是对中国的发展援助，而现在双方已是在同一视线上平等合作的伙伴。有时，欧洲人是那么震惊地仰视着中国的同事。这么多员工！这么贵的仪器！这么快的决定！西方的校长成群结队地出现在中国偌大的大学校园里。他们在寻找合作伙伴，寻找金钱，寻找有资质的博士生，也在寻找学术冒险。因为他们也在暗暗担心，如果不及时出现在舞池上，舞会将会照常举行，而他们被排除在外。

中国这个古老的科学民族的大国之路上，伴随着一种第二青春期，包含着所有的希望和迷途。这当中的矛盾，不像阴和阳的理想一样，能被和谐地归置在一个更高的规范中，而是并驾齐驱，中间没有任何过渡。故而，参观者对中国科学界的印象是深刻的，但同时也是失望的。它是自我开放的，但同时又是设防的。对内是骄傲的，对外又是不确定的。

英国研究理事会（RCUK）北京代表处的高德文是研究界的大佬。“中国人特有的心性和盎格鲁－撒克逊的实用主义很符合，也许这是为何合作能如此顺利的原因。”他第一次访问中国是在二十世纪八十年代，当时中国的大学里还遍布“浑浊的空气”。而现在，中国的大学很容易让人想起科幻。“那时候我们以为，要达到国际标准，中国还需要经历几代人的努力。但现在，‘一代人’只需要五年的时间。”

干细胞研究是中英合作的一个重点。在德国，干细胞研究因为伦理道德和法律方面的原因受到很大的限制，但英国和中国却是大刀阔斧地对干细胞研究进行支持。基因研究也是一样。而这两项研究经常占据各大新闻媒体的头条。“中国人克隆人类胚胎……”“试管猴子……”“皮肤细胞克隆出老鼠”。而最近的一项实验则让人满怀希望：两支上海团队成功编制了普通的人体细胞而非胚胎干细胞，而这据说会减少相关的争论并使未来对其的运用变得简单。

然而，西方科学家对中国甚至是东亚同行的研究结果是反射性的不信任，因为之前的研究成果许多被证明是人为操控的结果，虽然中国的研究者很希望获得认同，但同时又不愿让人去了解自己的工作。而生物科学这一领域，都是些棘手的、类似于炼金术的实验，如果不把所有细节公之于众，便不能“重生”。

当然，西方也有自己的害群之马。但在远东，“诚实”不那么重要。“原创”的概念在这里不存在，大家都在追求精妙的模仿。这当中的源头，也许能在练习百遍汉字中找到。人们随大溜的心态，则在日益强化。否则为何中国集中精力去做研究却鲜有独创的东西产生出来？取而代之的，是更多的学术仿造，就像中国人喜欢唱的卡拉OK一样，演唱的都是别人的歌曲，而非自己的原创。这也是诸多讨论的中心点：中国的科研原创性太少，令人信服度太低，太生硬，有时甚至不成熟（姑且不说是青春式的）。而这与人们对中国足球运动员和音乐家的评论是类似的。

德国亥姆霍兹国家研究中心联合会北京代表处首席代表何宏，便曾与中方和德方进行过无数次商谈，故而对这一问题很清楚。“我们倾向于将模仿和创新混淆。”不过，何宏认为，随着中国研究的国际化日渐规模，中国研究也会逐渐适应国际准则。

何宏是等离子体物理学家，德国耶拿大学博士，在牛津做过研究，在北京事业丰收，对东西方的体制都很熟悉。像他这样的专家，是国际合作的催化剂，而国际合作则又是实现中国科研奇迹最重要的催化剂。它与以前的媒人类似，都是将合适的伙伴牵在一起，为即将到来之事做好准备。何宏认为：“中国最大的宝贝，是其巨大的科研人员储备。”在中国这一伟大的科学沃土上，低廉的薪酬是它的一个强大吸引点。同样的预算，在中国可以建立三倍大的工作组，而同样的资助，则能让两倍之数的奖学金获得者很好地生活。而作为回报，中国获得了受人追捧的技术诀窍，中国的专业人员能获得更好的教育，在国外也能被认同。现在，中国也愿意参加国际大项目。比如两个由德国引领、预算均达到了十亿欧元的大项目：一个是发展X射线激光，一个是建设新型的离子加速器。这两个项目都有中国人的参与。

而此类由各国共同参与的项目，其中一个主要障碍还是中国在知识产权上的不可靠性。

何宏的同行韩小丁则认为，西方对此的担忧已经“过时”了。他代表的是弗劳恩霍夫协会北京代表处。弗劳恩霍夫协会主要致力于促进应用研究。韩小丁认为，在专利权和许可权方面，中国的情况已经比前几年有了不同程度的改善。德国的企业也特别得益于中国的繁荣，因为实验室通常偏爱购买德国的机器以及生产设备。如果合作的德方猜疑心不那么重就好了。“我们曾有很好的德国合作伙伴，可以发展新太阳能电池。但是，德方不想让我们看到他们的牌。”韩小丁认为，窃取思想的风险，会通过实实在在的经济利益而得到平衡。

而最新一个与位于亚琛的弗劳恩霍夫分子生物研究所的合作则表明，要从这一困境中走出来，最快的方法便是国际合作。

在这次合作中，中德双方研究出了一套针对产品盗窃的检测方法，涉及的是一备受追捧的出口物：开司米羊绒。如果说北京市场上宣称是开司米羊绒的产品都是真的，那开司米羊的数量则必须比中国人的数量还要多。而新研发出的DNA测试，则让开司米纤维与羊毛的有效区分成为可能。“这样的方法也可以用到肉类和鱼类上。”韩小丁认为，这又会在德国保证更多的产品安全性。目前，喜马拉雅山雪人的头发样本也在接受基因检测。

中国盗版产品最常见的受害者，是中国人自己。这也是为何中国的工业很少从事研究的原因：因为这总体来说给他们带来的是坏处。竞争对手会剽窃他们的更新成果，然后以更低廉的价格生产，毕竟对手既无研发费用也无须支付许可费用。多年来，中国的立法者也在努力营造更健全的法制安全环境。

但是，当一切反过来，中国研发出了高端技术，对高端技术的限制当然也是非常大的。自从物理学家陈创天经多年尝试成功创造了KBBF晶体（非常小的氟代硼铍酸钾晶体），能使激光技术达到一种史无前例的功率后，陈创天和他的发明便处在被保护的状态。北京想把这一成功充分运用到一个特别的学科中，并以此保持垄断。

陈创天的突破不是偶然的幸运，而是几十年来孜孜不倦努力的结果。二十世纪六十年代初，他研究着一项新鲜出炉的发明——激光以及人造水晶（制造KBBF晶体不可或缺的材料）。他潜心思考着晶格的理论模型。他所有的设备，就是一台嘎吱作响的手摇柄的计算机。即使小心地用厚厚的毛巾将其包上，还是听得到声音。他的上级后来找他谈话，让他不要再捣鼓那玩意儿了，但陈创天却成功说服了上级，这使得他成为在那个特殊年代被允许继续做研究的少有的科学家之一。

直到1976年，陈创天才可以发表自己的研究结果。随后，他取得了三个突破。二十世纪八十年代，他创建了BBO晶体——当今世上用得最多的激光放大器。斯坦福的一个专家来拜访他时，是一个持怀疑态度的扫罗，但回去时却变成了备受鼓舞的保罗。十年后，LBO晶体也是如此。陈创天的研究所创建了一个公司，将他的发明推向了国际市场。因为手握多项专利，陈创天很早就成了一个富人。他的第三项发明，也是他自己认为影响最深远的发明——KBBF晶体，花费了他十五年的时间。

陈创天骄傲地展示着自己的发明：那浑浊的微小物，看起来就如一小块冰糖碎片般毫不起眼。只不过，这块碎片的市值是两万欧元，当然前提是它会上市。

“创天”这个名字反映了陈创天的父母对他寄予的厚望。他没有让父母失望。他还想继续干十年。“人总不能七十岁就休息，得做点儿事情！”不过现在，他对自己不再那么苛刻了，至少周末有时也会休息下，去钓钓鱼，或者陪陪那个对他来说和神奇水晶一样珍贵的宝贝——他的孙女。

按照爱因斯坦的观点，自由的“知识交流”是进步的核心。

国外首先感兴趣的特别领域是地震学。从二十世纪七十年代末开始，大家便认为中国在预告地震这一领域取得了成功。当时中国政府组建了二十四个研究组，负责研究这一专业领域。这一决策的背后，隐藏着一个古老的中国愿望和想象：人定胜天。今年已经八十二岁的李均之，当时被任命为地震研究所的所长。为着这一任务，他投入了自己的一生。三十年的时间，他从未度过假，而且也早就住进了研究所。当然，如果没有那些“奇怪的仪器”一直在嘀嘀嗒嗒响个不停，让人心烦，住在研究所原本也可以很舒服。那些仪器中，其中一个测量“地壳压强”，一个测量“声辐射压”，还有一个测量“地电脉冲”。

李均之的秘密武器藏在一间棚屋里——四只虎皮鹦鹉，是“带翅膀的前线战士”。然而，它们做的事和世上其他观赏鸟并无两样：从一个鸟笼杆跳向另一个鸟笼杆。李均之用杆上的电极来测量这一移动模型。“平常的日子，鹦鹉蹦跳的频率是七百次。但地震来临前，准确来说是地震来临八天前，它们跳动的频率是两千多次。”

李均之感受地球的脉搏时，依据的是一个复杂、细致、令人无法看穿的系统，综合了十种不同的方法，与一个传统的医生没有多大区别。1997年4月3日，他给出了自己大师级的判断。他判断出，接下来几天会有一场7.0级左右的地震席卷中国最西部的一个地区。他履行自己的义务，将自己的预判上报给了中国地震局，而地震局又通知了当地。4月6日，两次6.3级、6.4级的地震袭击了这一地区。幸运的是，当地及时疏散人群，只有很少人在地震中丧生。李均之预判还会有余震，表示先别让大家回到自己家中。4月11日，该地区再次发生地震，这次的强度是6.6级。

类似的惊人的成功，李均之还有十多次。当然，他和同事也有过很多失败。国际上一致认为，地震是无法提前预知的。自从越来越多的地质学家在国外留学后，这样的看法在中国也渐渐成为主流。如果地震的预告能更精确就好了！李均之的仪器嘀嘀嗒嗒地响着，他仍在热情地等待着自己的另一次突破。

子曰：有朋自远方来，不亦乐乎？孔子如果还在世，肯定会很乐意看到中国科学的前进。中国留学生，在西方高校留学生中早就是最大的群体了。越来越多学术期刊的文章出自中国学者或华裔学者之手。

除了出国留学，中国也开始尝试中外合作办学。上海同济大学中德学院就是这样的模式。中德学院的三十个教授席，全部都有资助。资助主要来自那些在华势力强劲的德国企业。一方面，这有助于这些企业的形象塑造。另一方面，也能培养紧缺的后备人才。比如说在车辆制造方面。欧洲汽车工业在中国刚起步时，并没有专门针对生产管理工程师的培养机制。而现在，车辆技术员有了自己的学院。该学院位于长三角一个巨大的工业园里，里面有多个汽车工厂、无数配件供应商以及F1赛车场。校园的风格是未来主义。光是校园就占地2平方千米，足以作为测试道了。学院巨大的石柱间，燃料电池汽车在不知疲倦地转动着，这些汽车是为了北京奥运会和上海世博会而研发的。图书馆的巨大立方体，只会被风洞超越——被世界上最大的风洞超越，这是不难理解的，至少对车辆来说是这样的。校园的背面，是给继续研发磁悬浮列车专设的测试道。

中国的大学和研究机构的设备越好，对西方科学家的吸引力就会越大。在清华大学教授环境技术和气候研究的欧安德便是这样的一个“倒戈者”。当然，他也顺带教授其他能力，比如独立思考和创作的能力。“如果我的员工自己带着一个建议来，我基本上都会说可以。原因很简单，为的是增强他们自己行动的能力。因为一般来说，中国员工只做交代他们要做的事。”有的时候，一个简单的“可以”便可以是颠覆性的。可以，您做吧。可以，尽管去做。可以，好主意！可以，继续这样！很快学生们就会在一些领域取得成就，而这是教条式的、权威的教育体制此前限制他们发展的地方。

欧安德原本是经济学家。他从经济学换到了生态学，并从此尝试将这两个领域联系起来，就像他试图将西方和东方联系起来一样。他是中国仍然为数不多的、有固定教职的外国教授之一。这需要双方的勇气。但如果他留在了家乡埃森，那他的事业便不会像现在这么顺利了，他也不可能在著名的清华大学拥有这么惊人的模型建筑研究所。这一研究所可以说得上是可持续发展的宫殿：屋顶上是太阳能电池组件，外墙前是隔离的玻璃外壳，房间配有无水马桶，且每个房间都装有与通风装置连接的二氧化碳测量器。

但欧安德很低调：这只是一个小研究所，只是清华大学众多气候研究中心中的一个，而这些气候研究中心又是环境学院的一小部分。他们的建筑也只有十一层高，几乎只能算是平房……

几年前，中国超越美国，成为温室气体的最大排放者。这对气候研究者来说可能不是一件坏事。因为不仅是环境问题在急剧严峻，中国的环保意识也在急剧增强。这不是出于浪漫的高尚情操，而是出于纯粹的能效考虑。少排放一吨二氧化碳，相当于节约三百五十吨煤。欧安德的研究所给许多部门、机构提供咨询，特别是在国际气候协商时尤为热门。“相比老牌工业国家，中国政府更愿意听取科学的建议。”他的职位，注定迫使他不断进行体制和精神气质的对比。“说到数学能力，德国大学生没办法和中国大学生相比。”更别说努力和目的性了。是不是应该找中国专家去教德国学生这些良好品行呢？是的，他笑道，好主意！“但是德国学生会按照交代他们的话去做吗？”

义和团运动时，德国军队需要给德国皇帝带去战利品，便将几尊大的天文仪器从北京掳走了。威廉二世将这些异国仪器立在波茨坦橘园宫的露台上，以陶冶情操。一战后，这些仪器被归还给中国，现在又在装饰着长安街上的老天文台。

技术科目一直以来都是中国的强项。数学、化学和物理也一样，近来还增加了纳米技术和计算机技术。此外，中国在能将自己作为研究对象的领域都很强。比如，中国作为地球上第三大国，地理学的研究就很强。中国和德国基金会合作，在北京建立了一所研究青藏高原的研究所，研究的地区涵盖帕米尔，一直延伸到云南。就这样，三万六千块冰川成了姚檀栋团队的责任范围。研究青藏高原这“第三极”的科学家们将自己视为先锋，是毫不为过的。“对于南极和北极，我们知道的更多。”这其中的原因，一方面很简单，直到不久前，国际同僚都不被允许参与这一研究，另一方面这一地区确实交通不便。姚檀栋的团队从7200米的高度抽取冰样时，必须将所有仪器每天从基地抬上山，钻孔则每天都要抬下去。因为高于6500米，即使牦牛也罢工了。姚檀栋的研究目的，首先是获得一些季风循环的历史变迁的信息以及其当前的浮动。亚洲的这一褶皱区，影响着这一地区的气候，有时甚至还超出这个范围。不久前，姚檀栋的团队证实，美国西雅图的司机洗掉的车挡风玻璃上的沙尘，便是来自西藏北部。

中国的另一强项是古生物学。这起源于德裔地理学家葛利普，北京大学的校园里还有一尊他的荣誉墓。葛利普学生众多，有的参加了挖掘北京人的行动，有的参加了斯文·赫定的最后一次探险，逐渐形成了一支强大的科研队伍。他们中的一位是周忠和。还是大学生时，周忠和便发现了一种中国始祖鸟。“之前，人们对鸟类的发展几乎一无所知。而现在，我们已经有三十多种鸟类的几百份样品。”多亏了一整个石化的鸟舍，“羽毛恐龙”现在可以越来越多地被人们理解了。

鸟类的标本和铸件装饰着周忠和的办公室。在这个办公室里，他也像美国人那样把脚放在桌子上过。和许多同事一样，周忠和在美国工作了很多年。十年前，他回到中国。“中国有更多的可能性。”

“千人计划”是中国海外高层次人才引进计划，这些人才应尽可能获得惊人的成绩，将中国引向前进。中国最强的领域，是在航天领域，几乎是在独自研发。2016年，中国在海南岛设立了第四个航天发射中心。现如今，中国向太空发射卫星已是家常便饭了，并且还在考虑登陆月球以及建立自己的宇宙空间站。

一位获得绝无仅有的研究机会故而很早返回中国的科学家，是来自南京的天文学家崔向群。“如果研究无果，我肯定就又离开了。”她的口吻很坦率，声音很有力，但有些沙哑，这是因为兴隆山的气候干燥。从北京去往河北的兴隆山需要两小时车程，就是在那里，崔向群八年前负责研制了新型光学望远镜LAMOST，这是她事业的巅峰。

这项技术的理论基础，此前已经具备，但业界很怀疑LAMOST真能研制出来。“要研制也不可能是中国”，这是崔向群在二十世纪九十年代报告自己的计划时大家没有说出来的话。那时候，她在加兴的欧洲南方天文台总部工作，受到祖国的召唤而回了国。不是因为钱——“那时候我们还没什么预算，连参加会议的钱都没有”——而是因为这是一次绝无仅有的研究机会：她将获得价值二千四百万欧元的精密仪器。“一张小网只能捕少量的鱼，”她解释道，“而且捕到的鱼很可能是为人熟知的鱼。但用一张巨网，你能捕到的鱼就多很多了，很有可能有意外之喜在网里活蹦乱跳。”

兴隆山的山脊一片寂静。有时，科学家们数周都在住所和天文台之间移动，几乎忘记了还有尘世的存在——山下面那遥远的尘世。然而，因气候变化而出现的灰尘和上升的空气湿度，即使在这里也越来越影响着望远镜的运作。半是主人、半是天文学大祭司的崔向群带领着参观者，进入了漆黑、被揭开的望远镜的世界。三十七个蜂房的镜像被一万个小发动机校准着，受到三百台计算机操控，每晚都能记录两万颗星星的光谱，这比世界上任何一架仪器记录的都要多。

但崔向群已经在思考研发一架更好的LAMOST了，而且还是在南极！“因为南极对我们天文学家来说是最好的观测地。”那里清晰、干净，没有扰人的光影。不可能？这样的话她已经听了很多次了。中国已经在运行四架望远镜，都是在南极的内部腹地。崔向群的一个同事最近已经在检测了。该同事坐了三周船，接着乘坐了两周履带车穿过冰漠。但只在基站待了几小时，将硬盘换掉后便踏上了归程。对采摘星星的人来说，即使是南极也并不遥远。

中国科研的另一个重点是生物科学和医学。中国相关的框架条件很便利，就像亥姆霍兹国家研究中心联合会的何宏说的那样：“伦理准则在中国比在西方所扮演的角色要小，动物和人的试验会更容易。”当然，也有相关的规定，比如说干细胞研究的法令最近变严格了，但可活动的空间依旧比西方大，这也是为何越来越多的研发工作都移到了中国的原因之一。进行临床研究和集体研究在这里更简单，价格也更低廉。跨国医药康采恩葛兰素史克便在上海建立了一个由千名员工组成的研究中心。这些员工的资质都非常高，基本都有国外工作学习的经历。

研究员朱新广目前在进行着一个一千一百万美元的大项目。“不管怎么说也是个开始。”他满意地点点头，好像自己每天都要和这样大的预算打交道似的。而他中午却会思考自己是去食堂，还是去贵一些的大学餐厅吃饭。不过，在工作中，这位植物遗传学家却不做丝毫让步，这也是他现在力争让自己研究组中的西方员工得到西方式的报酬的原因，以便长期留住这些员工。

一千一百万美元！这是比尔及梅琳达·盖茨基金会捐献给国际水稻研究所的金额，虽说朱新广的团队只能拿到这其中的一小部分，但如此一来中国也参与了当今世上最宏伟的农业科学计划——C4水稻生产计划。C4水稻将会明显提高能源的吸收。“研发C4水稻的潜力是存在的，”朱新广解释道，“最大的问题是：如何让水稻发挥出这样的潜力。”而这需要基金会的资金帮助来找到答案。为了研发出C4水稻所必需的遗传饰变，还需要十倍之大的资金数。但C4水稻一旦研发出来，影响将是极大的。乐观者预测，水稻的收成将提高50%。“在理想情况下，地球能再给十亿人提供粮食。”

从美国毕业后，朱新广来到了中德共同建立的中国科学院—马普学会计算生物学伙伴研究所，加入了国际水稻研究所的C4项目，因为他是生命进程中光合作用的专家。他知道，在某些国家，基因技术是备受争议的话题，故而他总是谨慎温和地提出自己的观点。为完成这一突变，无须给水稻输入新的基因，已经存在的基因只会被不同地组配。“就像在工厂里将几台机器互换一样。”但怀疑者不是担心整个工厂会因此而重新调配吗？朱新广用几乎是治疗式的温和口吻回答说：“我们操作时非常小心，没人想创作出怪物。这个机会太重要了，我们不能放弃这个机会。”他的同胞袁隆平在二十世纪七十年代用传统的方法研制出了一种高产的杂交水稻，在中国成了国家英雄。朱新广也可以在某一天踏上袁隆平的脚印。

另一个类似的偶像，是现今已八十一岁高龄、来自广州的钟南山。他因为大胆的发声，成了国家英雄。2002年12月，他被叫到了由他领导的呼吸性疾病研究所的急诊室。一名病患出现了类似肺部感染的症状，但任何治疗都无效。而此后出现的情况，可以称得上是一部科学侦探片。与钟南山的团队战斗的敌人是一种连名字都没有的病毒，而这一病毒很快便以“萨斯”（SARS，重症急性呼吸综合征）之名让全球人闻风丧胆。

不久后，其他医学家也研究了两例类似的病例，并最终认为衣原体是导致患者死亡的原因。相关部门如释重负，因为衣原体这种为人熟知的细菌可以用抗生素来治疗。但钟南山却对此提出了强烈的反对意见——而且是在主流媒体上提出的。事实是，没有人知道真相。“我们不能冒几周的险，跟随错误的足迹前行。”应该是有别的感染源，钟南山和他的团队继续追踪。“非典”的发展证实了钟南山是对的。钟南山一夜之间成为中国家喻户晓的科学家。当时中国国家主席胡锦涛更是将“科学发展观”提升为中国经济社会发展的重要指导方针。

西方一直以来都对中国的医学感兴趣，特别是对传统中医。在中医里，知识比科学重要，实践比理论重要。和从前一样，中医在中国依旧是必备的科目——几乎每个现代医院都有相应的中医科室。然而，中医却在渐渐失去其重要性。特别是比较西式的年轻一代，他们对中医的态度是怀疑的。中医陷入了认同危机。但如果中医开始进行西式的经验研究——那它还是原本的中医吗？它能通过这场测试吗？可如果中医将自己封闭起来，坚持自己的正统地位——那它不是将自己降为伪科学吗？

与中医在中国国内的现状相反，国际上，中医因其自成一脉的完整性而受到前所未有的追捧。在相关高校，越来越多的外国留学生、医生注册学习中医。大众汽车基金会也早就提供了四十五万欧元的资金，用以翻译一本有四百年历史的中医百科全书。

将古老知识和现代研究很好结合的一个例子来自中国香港——连接中国与世界最重要的桥梁地区。1887年建成的香港西医书院（香港大学的前身），意欲建成为“东方牛津”。直到现在，医学院都是香港大学的一个招牌。

“您看我年龄几何？”精神病学家苏国辉是香港大学知名教授之一。光看外表，你会觉得，必要时他还可以作为青年新星出场。可能四十末？他打出了王牌：“六十二。”因为苏国辉的专门研究领域是衰老和再生进程，这一回答就更让人惊奇了。他是不是知道什么永葆青春的秘方？苏国辉笑着讲起了枸杞——一种来自中国西部的瘦长的朱红色果实。晒干的枸杞一直都被中国人当作药物来使用，枸杞加在茶、汤和蔬菜菜肴中也很好看。“但是枸杞的作用直到不久前都从未被科学研究过。”苏国辉一边解释一边穿过由实验室组成的迷宫。迷宫一共九层，一直到屋顶，都放满了仪器。苏国辉在麻省理工学院念的博士——“在美国，我才发现自己是个中国人。直到我开始认真研究中医，这中间又过去了三十年”。苏国辉发表了两百多篇文章，手握十个专利，是中国科学院的成员，也是许多国际机构的成员。当他这样一个大咖在国际大会上发表演讲时，大家都会认真倾听，即使他讲的是一种干瘪的小浆果。“在治疗青光眼和保护神经细胞方面，我们已经可以精确确定枸杞对其的影响方式。现在，我们在观察枸杞用于治疗痴呆和糖尿病的效果。”

为此，过去这些年，没有别的口号比“科学发展观”更普及了。它和“和谐社会”一起，构成了中国政治讨论的头号标语。科学研究中取得的跨越式进步的相关数据，如奥运奖牌榜般受到人们的追捧。知识的量化是中国教育体制的一个强迫症。中小学和大学被思想上的计划经济所决定。重要的不是创造性思考，而是完成上级分配的任务。中国学生在PISA测评中，数学排名很靠前。每年中国报纸上都会对此大张旗鼓地报道。但中国学生在想象力和创造力方面经常排在很后面。中国体制的学习能力的强弱，决定着中国作为科学大国的未来，决定着中国的科学是能真正获得国际承认还是只止步于中国而保持地域化。“学习好奇！学习怀疑！学习批判！”——中国应让哈里爵士教导更多的独立性，已经刻不容缓。

园林之忧

北京的皇家园林

摄于北京

如果对北京城感到厌烦，想出城去转转，那感觉会像卡夫卡《一道圣旨》中的使者一样，觉得“没人能从这里走出去”。已经一个小时了，375路公交车还被堵在出口干线。“他们的住所，数量太大，没有终点。”车道上，各种不同的交通工具，在以不同的速度摇晃着前进。电动车流顶着自行车流前进，军用卡车驱赶着出租车，而新贵们的豪华轿车则急速超越着农民的驴车。虽然几年前终于开通了穿行于北京西北的地铁线路，但乘坐公交车，可以更直观地感受北京城的维度。

我们已经参观了来北京旅游必参观的景点，探访了故宫，仰望了天坛，穿过了天安门广场，只差没去毛主席纪念堂。这座陷入疯狂建造而无法自拔的首都城市，在未来寻找着自己的归宿。它的景点拥有纯粹的文物特征。但北京的灵魂在哪里能找到呢？

如果能找到的话，那便是在北京的公园里，准确来说，是在北京古老的皇家园林里。在北京城的西北，分布着六七个园林，每个都有几百公顷大。如果算上中间地带（但过去中间地带并未绿化），总绿色面积为一个卡塞尔城的大小。北京城的许多古建筑而今都在消失，比如说胡同、错落有致的四合院，都不得不让位于快速崛起的高楼大厦。而这些被一堵天堂之墙隔起来的园林则成了寻找宁静、缅怀过去的岛屿，它们是中国“行走的编年史”。

我们将时间驻足在1860年10月18日。一群狂野之徒袭击了北京。这些人被贪婪蒙蔽了心智，在北京的皇家园林里肆意抢劫，把一切可以搬得动的东西悉数搬走。最精美的瓷器、数吨银器、昂贵的珊瑚饰品、大如鸽子蛋的珍珠，还有数千座镶金佛像都被一车车运走。把这些都掠光后，这些人还在园里放起了火。一时间，寺庙、亭台、桥梁、塔楼、戏院、藏书阁都被付之一炬。这一在遥远的欧洲被模仿、昌盛了几百年的园林文化，在三天之内化为乌有。比起任何官方的编年史，一首孤独的小诗对这一巨大损失的控诉更让人动容："玉泉悲咽昆明塞……绣漪桥下鱼空泣。"

四十年后，野蛮人再次对皇家园林进行了袭击。我们这里说的野蛮人，竟是所谓文明至极的欧洲人。第一次是英国人和法国人进行了掠夺，第二次是义和团起义后八国联军占领北京，当中也包括了德国和奥匈帝国的军队。从那以后，北京的皇家园林便承载着中国的命运，是失败、耻辱的象征，同时也是从此再勿成为受害者的决心所在。

375路公交车终于到达了圆明园的大门，我们一一下车。从历史上来看，圆明园是最有意思的。圆明园古称夏宫，1707年由康熙始建，他颇具艺术鉴赏力的孙子——乾隆皇帝则把修建这座"万园之园"视作了自己的毕生之作。这样一座园林，整个世界此前都未见过。光是平面图，看起来就非凡无比：这是一个一望无际的水陆世界，四分之三的面积都是水。湖泊无数，周围是弯曲的河道，到处都是丘陵起伏的岛屿，通过桥互相连接。这是一个两重迷宫：一个是陆路迷宫，一个是水路迷宫，连绵起伏，影像叠生。

一名参与了第一次抢劫圆明园的英国随军牧师激情满满地写道："要想描述看到这座园林时的场景，你得是个天才，一个同时掌握了诗歌、绘画、艺术和汉学的天才。"那时，圆明园大部分岛屿上建筑物密集，因为夏天和皇帝一起居住于此的还有朝臣们。这也是被称为"东方凡尔赛"的圆明园令西方游客惊叹的原因：这里没有轴心，没有对称，更没有人们熟悉的权力的几何，甚至连一座宫殿也没有。这是一个由不同场所组成的万花筒，多样、开放而分形。就像奥斯瓦尔德·施本格勒曾总结的那样："中国园林避免的是一览无遗，力图一层层视野叠加，邀你来漫步发现，而非直奔一个目标。"在欧洲的巴洛克花园，宫殿是最引人注目的，君主居住在世界的中心点。然而，中国的皇帝看起来则更愿意玩捉迷藏的游戏。

圆明园的无忧无虑、难以接近以及不可估量，一直都赋予了圆明园童话的色彩，在中国本土是如此，在西方也是一样。安徒生在童话《夜莺》中将圆明园的童话色彩定格，虽然安徒生也只是从书中认识了圆明园："这位皇帝的宫殿是世界上最华丽的，完全用细致的瓷砖砌成。皇帝花园里的一切东西都布置得非常精巧。花园是那么大，连园丁都不知道它的尽头在何处。学者们写了大量关于皇城、宫殿和这座花园的书籍。"

二十世纪五十年代，文化哲学家林语堂在美国居住时，曾写过一篇对北京曾有的辉煌的缅怀文章，里面便大篇幅地提到了北京的园林。“人们总能感觉到，建园师一直在努力创造一个又一个惊喜。”他写道，“你绝不可能一眼将整个园林看到头。游客会想，已经到头了，但突然又开了一扇门，又通往一条小路……”

不过，中西方园林的主要区别是根本性的，人们常意识不到。在中国的园林中，没有成片的绿茵地，而是有更多的水域。

通过栅栏的一个缺口，我们先是参观了圆明园的西部，也是圆明园最古老的一部分，如今它已完全挪作他用了。

圆明园的东部，从1985年起又重新开放。很多老北京在这里一待就是一整天，在这里聊天儿、看书、做伸展运动、打盹儿，或者唱歌。要知道，唱歌在中国是一项民间运动。如果你在园中的某个角落——无须是安静的角落，唱一首流行歌曲、一支民歌或是一曲京剧，不会被人骂是扰人清净，而是会受到内行听众的鼓舞、祝贺。年轻人喜欢玩碰碰车，坐着摩托艇游览福海，驶向蓬岛瑶台。有些学校会安排整个班级轮流来参观——他们学到的是：中国绝不能再落后、再无抵抗力了。

路灯柱的扬声器里发出的是排箫乐。圆明园曾经是荒芜的、空荡的。后来，慢慢地，人们开始对其进行清理，这里重建一座庙，那里重修一座茶馆，但依旧没有整体的整修计划。报纸上、电视脱口秀上经常有围绕这个主题的讨论，也曾进行过多次相关的民意调查。大部分人是赞成重建的，但也有人反对。一是出于经济原因，园子不同于工厂，不能带来什么利益；二是圆明园应该作为纪念碑，警示后人落后就要挨打。

在一片绿光闪闪的池塘上，矗立着一个休息亭。在休息亭休息时，我们对亭子里的人就是否应重建圆明园进行了即兴调查，结果如下：杂志编辑张志军赞同对圆明园进行大规模整修，这样能保存圆明园的遗产以及相关的手工艺技术。来自南京的医生何方对这一观点表示赞同，却担心圆明园这样的国家圣迹会迪士尼化。而十七岁的女学生李静则还处于历史批判主义的影响下："看到这些赤裸裸的地基，我不禁怒从中来。这些外国人为什么要这样对待我们？我恨他们。我打算抵制他们的产品。如果圆明园能重建，我会很高兴——这里有这么多美的东西。"

我们随意漫步着。在一座中国园林里，人们不是按照计划参观，而是被园林各大景点的魅力所左右。圆明园便有一百二十处这样的景点。很多只剩下了名字，但光是听名字就足以让人心旷神怡。这里是平湖秋月，那是去往藏密楼的路，那里等待我们的是如园。谁不想在文源阁或者澄心堂坐下来歇歇？欣赏着上下天光，惊喜于慈云普护？在绮春园里散步，寻找君子轩或者如意馆的所在？

幻象、童话世界、遐想之旅是中国园林的固定组成部分。中国四大经典小说之一的《红楼梦》中，贾府为了给大观园的各处景点取诗意的名字而忙得不亦乐乎。因为"就算场景再好，如果园亭没有名字，那花、草地、水都没什么作用"。景点的名字同时也是使用说明书，暗示着其"内涵"，而这在中国的艺术论辩中扮演着重要的角色。故而，中国许多伟大的园林建筑师和园林研究者如张南垣、李渔、文震亨、计成等同时也是知名的画家和书法家。

来自中国和欧洲的园林建造大师，很早就进行了密切的交流。特别是在十八世纪，其时中国和欧洲的景观艺术都处于蓬勃发展期。1740年前后，苏格兰建筑师钱伯斯学习了中国园林艺术，惊叹圆明园是“扣人心弦的自然物的收集整合，是一个极度令人动容的整体”。他认为，中国的园丁，“不仅是植物学家，还是画家和哲学家”。受到中国园林的启发，他回国后便开始设计伦敦的邱园，即后来的英国皇家植物园。塔、亭从一开始便是最受欢迎的景点。或好或差的中国工艺美术品很快也装饰着无忧宫和皮尔尼茨宫，装点着蒙梭公园和普希金市。而慕尼黑英国公园里的中国塔，则期待着遥远陌生的东方能带来无穷的吸引力。至于中国没有任何地方有这样粗笨的木塔，是无关紧要的。此类建筑搭配无须地道，只要看起来充满异域风情即可。与此相比，德国最后一个中国大工艺品则真实得多，那便是德累斯顿的中国亭。1911年，即清帝国存在的最后一年，该亭由上海木匠精雕细琢而成，作为中国对当时在德累斯顿举办的第一届国际卫生博览会的贡献。当时一起运去的还有一座高塔，可惜没有流传下来。

而反过来，圆明园也有欧式部分。因为在十八世纪，来自法国、意大利和波西米亚的传教士依照中国皇帝的指令，建造了十多处“远西”风格的建筑：带有露天楼梯的巴洛克风格的小宫殿、风景如画的塔楼以及艺术喷泉等。喷泉特别让中国人着迷：能往上流的水！因为这些宫殿是石制的，故而其废墟也保留下来了。这是令人悲戚的一英里废墟，里面的大理石块和豆腐块一样，坨在了一起。不过，至少大迷宫现已重建，许多游客玩得不亦乐乎。

当我们到达圆明园的这一欧式部分时，天已经擦黑了。这部分是中国所有欧式累赘建筑的原型，都是仿照古欧洲的建筑建成的，大部分都不太成功，但近年在中国却如雨后春笋般涌出来。在一个有纪念品店、小吃店的长廊前，我们见到了陈爷，至少他的同事都是这样叫他，这更多是出于礼貌而非轻视。陈爷有条不紊地将帘子拉下，准备收工。第一眼看上去，他只是一个简单的小吃店老板，但几个简短的问题下来，他被证实是位有名的时代见证人。他出生于当地的一个农民家庭，曾在圆明园附近拥有几块田地，历经几代人，目睹了历史的兴衰。他的祖父母曾亲身经历了圆明园的火灾。从祖父母的叙述中，他有一种自己也亲眼看到圆明园起火的感觉，因为印象实在太深了。

人们总是说，北京的变化太快了，近十年已经变得让人认不出来了，更别说二十世纪的大变革了。然后，我们遇见了陈爷这样的人。尽管经历了各种兴衰变革，但他的家庭还是固守着这方土地。陈爷生于1945年，只比中华人民共和国长几岁。他冷静地称自己是“制度的产物”。他不知道别的，也不想要别的。

我们问他：如果能登上一架时间机器，你会想去哪个时代？他的回答让我们很是震惊。也许我们欧洲人是经过训练的怀旧者，因为我们立刻就会想到三四个我们想在时间之旅中游历的站点。但陈爷却咕哝着，他不想去任何地方，不想离开现在，因为他现在过得很好，至少比以前好，他在过去没失去什么东西。

永不回到过去：中国人之所以不怀旧，是有其原因的。他们得跨越很长的旅途，才能重回所谓的“金色年代”，而这可能要回到圆明园诞生之初。不，如果说有所谓的“金色年代”，那这个“金色年代”还尚未到来。故而，中国人欢迎改变。

德国人鲁柏涛是对中国最了解的西方人之一。在其关于圆明园的著作中，他重构了圆明园两度被毁坏的过程。他绝没有回避西方军队对圆明园的掠夺，但也没掩饰那些在守卫和朝臣逃离后，在几天内便将圆明园洗劫一空的中国掠夺者的贪婪之态。除了当地的住户，主要是那些到处抢劫、为非作歹的乌合之众，利用当时出现的权力真空来进行大肆抢劫。1860年圆明园失去的主要是贵重的陈设，而在1900年后，圆明园的整个储备资源都被掠夺了。先是“对木材和树的掠夺”，使得圆明园变得光秃秃一片，然后是园内无数的炭窑变成了木炭，继而是“对石头的掠夺”，因为石头是建筑材料。故而，圆明园的建筑最好的下场是剩下地基。鲁柏涛的这本书，之所以是一本很不寻常的读物，是因为它本身就带有中国园林某些本质性的东西。书的主题也是扣人心弦，鲁柏涛对这一主题的处理也是诗意的、梦游式的。

中国园林象征的是纯洁、自然的力量，是一种乌托邦。位于承德的避暑山庄，周边是一个很大的公园。这和北京城中心的紫禁城是一样的。紫禁城的周边是北海公园、景山公园以及中南海。

不过，经典的园林还是北京西北部的三个大的皇家园林：圆明园、颐和园以及香山公园。北京大学的校园在清末也属于这一大绿化区。虽说北大的校园依旧是中国最美丽的校园之一，晚上就着月光在北大校园里散步是一件无比惬意的事，但北大一百年来不断的建设还是让其校园发生了巨大的改变。

位于北京最西北的香山公园，更能让人感觉到中国古典园林的浪漫气息。香山公园地势险峻，建在高约600米的香山背部。你可以在此游览多日，而且每次都能发现新的珍宝：孔雀园、琉璃塔、火漆红的大门、石子路模型、古老的藏庙，还能一直看到绿地上遥远的亭子。林语堂将亭子这一不可或缺的公园组件定义为“一个简单而不庞大的建筑，轮廓能一览无遗。为自己而立，就像一个美丽的物件——花瓶一样”。

除了亭子、贡献阴凉处的散步小径、因水中的影像而变得完整的形状极好的桥，魔幻的石头也是中国园林艺术的要素之一。香山的石头来自全国各大省份。稀有的形状仿如注了铅，当然有几吨重，且略呈圆形，有许多孔，和海绵一样。这些石头经常立在基座上，更多被视作雕塑而非岩石，被冠以云峰或飞来石等名字。

通往香山公园的路上，在各类小饭馆和纪念品店之间，有一间小小的工作室：宋涵老师便是在这里教授学生弹奏中国古典乐器——古筝。当然，他只在冬天上课，因为夏天他会在金鱼池塘边演奏古筝。他的表演，让所有人都如痴如醉。他的筝音如同水晶瀑布，在山坡发出悦耳的声响。宋涵在香山找到了自己的精神家园，也可靠此谋生。宋涵常穿一件黑色丝质唐装，脚着功夫鞋，梳着时髦的马尾，非常符合人们对一个中国艺术家的传统想象。在所有的乐器中，古筝也许需要最强的身体投入。宋涵的表演方式，动作甩得很开，又很灵活，看起来像是在表演太极。

冬天也有很多人来拜访他：来学古筝，或者是买CD或古筝，当然也有来听他演奏的。无须人们长时间请求，他总是会即兴表演，但他也指出，古筝只有在空旷的自然中才能真正发出它应有的音色。这和登上高楼或高山时的感觉是不一样的。宋涵的信条也是真正的中国艺术："音乐需要公园，公园也需要音乐。"

香山公园里一颗特别的明珠，是香山饭店。它像一只巨大的白螃蟹，立在香山公园的中心。建筑师贝聿铭二十世纪八十年代初设计了这一建筑，这是他的第一个大师级作品。贝聿铭此后又陆续设计了卢浮宫的玻璃金字塔以及柏林的德国历史博物馆的新翼。香山饭店虽是一个先锋的成功之作，但尊重传统，从平面到最小的窗户，都展示出了对几何、对普遍的基本形式如圆、三角、四角的力量和美的坚定热爱。饭店中央是宽大明亮的玻璃庭院，四个侧翼分别通向幽静的小花园，构成了园中园，这一园林群是中国园林艺术的缩影。大约有二十个景点如万花筒般排列开来，它们有着流华池、清音泉、飞云石和石林等名字。

早在八百多年前，佛教僧侣便已在此诵经打坐。此后，中国的皇帝也经常在此打猎。在修建圆明园之前，这片绿洲已经有了静宜园的别称。

香山饭店自身体现的是二十世纪八十年代的精神，是中国蓬勃向上和重新思考的精神。贝聿铭那时在美国已颇有声誉，他将两大美学系统视作自己最重要的灵感源泉。一是包豪斯学校，他曾师从著名建筑师瓦尔特·格罗皮乌斯和马塞尔·布劳耶；二是中国的园林艺术，这主要得益于他在长江三角洲沿岸的苏州的学习。他祖父在苏州有一个古典园林。慢慢地，他爱上了中国的园林艺术。贝聿铭结合了这两种不同的建筑形式和语言，将香山饭店设计成了一个令人惊奇的组合体。而这只有中国人才能完成："中国的房屋和花园是一体的。"

香山的大部分植物看起来都很熟悉。这也难怪，欧洲花园的一些植物来源于中国，如菊花、木槿、杜鹃、桃树、银莲花等。当然还有垂柳，即所谓的"鬼树"。此外，还有强壮的石松，仿佛是在古老的画卷中将自己弯曲的枝丫延伸至远处。事实上，花园看起来总像风景画的延续。渺小的个人谦卑地适应着伟大的自然。在香山，即使大部分演出如今都是为了集体旅游业而打造的，但游客还是经常能感受到惬意和谐的美好时光。在一岩石突出处，一名女裁缝唱着蒙古族歌曲；在一偏僻的山谷中，一群女子在采摘野枣。花栗鼠从碧云寺脚下的玉色石板倏忽而过。

中国的园林艺术有数千年的历史，在“以小见大”“在茶壶中创造风景”等宗旨下，成功地将自然转变成文明。园林是一个世界的模型，一个小型的宇宙。规范与生活、统治与和谐融为一体。小型园林供私人观赏娱乐，大型园林则构成乌托邦空间，成为亡灵之所。谁在这些魔幻园林中漫步，谁就会忘记空间和时间。漫步将变成一种哲学阅读。“从根本上来看，圆明园是整个中国世界的微型化。”柏林工业大学主攻园林景观的约翰纳斯·库希勒教授这样解释道，“其中也包含了神话世界。比如说，圆明园里有个大湖，湖上有三个小岛，这些岛寄托了非永生之人对永生之水的梦想。”

无论波茨坦还是北京，真正的世外桃源总是在遥远、温暖的南方。在中国便是在长江以南。清朝的康熙皇帝便曾六巡江南。江南的古典园林因其哲学气息而被称为“文人园林”，经常让人想起那些理想、神话的场景。故而，模仿江南园林而建的北京园林只是影像的影像。这些皇家游乐园，几乎无一例外都融合了固执的玩乐性和无节制的倾向性。慈禧太后也是一个园林爱好者，现今的颐和园在很大程度上便是慈禧太后的作品。即便是原计划拨给海军部的预算，也被她花在了修建她喜爱的园林上。当清朝被日本袭击时，清政府没有舰队，但昆明湖上却停有大型的大理石船。林语堂便嘲讽这是“一名老女人价值五千万的心情”，而这只展示了一个非常中国化的性格特征，

“即对不寻常之物的纯粹爱好”。这有点儿类似巴伐利亚的“童话国王”路德维希二世：一方面，统治者对奢华的追求毁灭了整个国家；但另一方面，颐和园如今每年都吸引着将近七百万名游客，而每十个游客中便有一个来自国外。

颐和园是一座宏伟的园林。但它与和谐世界风景的理想背道而驰，体现的是清王朝的腐败。三千建筑与装饰——阁、庙、院、殿、廊、亭——对这样一个小山丘来说实在太密集、太沉重了，而以排云殿和佛香阁作为胜利的主轴，更多折射的是慈禧太后的强势，而不是她的建筑感。重新开放的苏州街，已成为新近吸引游客的景点。苏州街依后湖而建，商铺林立。曾经，慈禧带着她的太监们在此与商贩们讨价还价，傲慢地用赌金来付账。如今的苏州街应有尽有，有杏仁奶、黑芝麻，以及字画、玉器等各式纪念品。

在曾经的大戏楼，还能找到几样来自这一遥远年代的物件：中国的第一部汽车、华丽的丝质长袍，以及皇家所用过的各类小物什，如妆奁、墨盒等。但总体来说，这些藏品都微不足道。圆明园、颐和园真正的宝贝，早已作为战利艺术品，装饰着伦敦和枫丹白露的博物馆和图书馆。维克多·雨果早就对此怀有不满，他在1861年便将圆明园称赞为“中国的世界奇迹”，将欧洲的“理想艺术”和亚洲的“幻想艺术”进行了对比。他谴责法国和英国是“强盗”。不过，他这样写道：他希望，有一天，改过自新的欧洲会将抢劫之物还给中国。

铁轨上的丝绸之路

东方与远东之间

摄于西藏

空无一物，空无一物，空无一物。只有苍白的草堆立在苍白的土地上，土地被了无生气的灰白太阳照得干枯。这趟旅途，经过中亚的草原。很难想象，这里曾是中国和欧洲的桥梁。但这里确实曾经富饶过，生机勃勃过，曾是真正的中心而非边缘。

不久前，我开始了一段漫长的旅途：历时约三周的火车之旅。从哈萨克斯坦，穿过中国西部，直到西藏，沿途经过了丝绸之路的两大主要线路。丝绸之路是古代的贸易之路。金钱、货物、奴隶、士兵、消息、点子，甚至是宗教都在这里穿梭往来。

这段跨欧亚大陆、长达5000千米的长途之旅的第一站，是哈萨克斯坦的阿拉木图。但是，欧洲在哪里结束，亚洲又从哪里开始？这里没有清晰的地理界线，也没有文化界限，只有持续的过渡地带，只有欧亚大陆。阿拉木图住着俄罗斯人、乌克兰人、格鲁吉亚人，这些人都是苏联的遗民。不过，也有蒙古人、土库曼人和塔吉克人。哈萨克人当然也有，分别来自草原的各个方向。此外，这里也居住着上万朝鲜人和伏尔加德意志人，这要追溯到斯大林强制性的民族迁徙政策了。这里甚至还有一个德语剧场——在法兰克福往东飞行六小时的地方！

阿拉木图的后方，是高耸的天山。天山拥有高达7000多米的山脉，不久之前，还被称为“斯大林宪法之峰”或“二十年共青团之峰”。因为天山的缘故，火车不得不先绕道北边。我所在的卧铺车厢，配有镶边的帘子以及一个闷闷不乐的检票员。一个安静的夜晚之后，火车沿着巴尔喀什湖行进。巴尔喀什湖是个盐水湖，面积是德国博登湖的三十五倍。在友谊边防站，火车得换轨道，从俄罗斯的宽轨道换成在中国也常见的普通轨道。友谊边防站可以称得上是一个现代的商队驿站了。加上边防的手续，换轨道的过程花费了好几个小时。等待是符合草原的精神的：既千篇一律又不可避免。火车上，有三百名哈萨克斯坦大学生在读书、聊天儿或者玩牌。他们的目的地是他们就读的位于乌鲁木齐甚至是更远的西安的大学。他们觉得，自己的未来在中国。

位于高地的我们，带着静静的忧虑，看向令人失望的远方。二十年前，铁路才通过这一地区，这一比世界上任何地区都远离大海的地区，被称为"交通闭塞的欧亚极地地区"。虽然中国铁路网连接苏联土西铁路，在二十世纪五十年代就已经计划了，但后来中苏两国间出现了矛盾，原本闷热的友谊变成了霜冻。

准噶尔盆地像是中亚的喷嘴，是天山和阿尔泰山之间的一个缺口，是东方和远东间最容易通过的一个过渡区。波兰裔俄国研究者、官员尼科莱·米哈伊洛维奇·普尔热瓦尔斯基在准噶尔盆地发现了地球上最后一批野马，已经是一百四十年前的事了。为了纪念他，这些野马被称为"普氏野马"。当地人对这种马早已很熟悉，将其称为Takhi（野马）。该类野马也时不时出现在文学作品中。根据十三世纪的《蒙古秘史》的记载，成吉思汗便是遇到了一群野马，出人意料地将路堵住了，成吉思汗的马因此受了惊，成吉思汗坠马，而后身亡。但在西方，在普尔热瓦尔斯基的发现之前，人们对这类野马毫不了解。在普尔热瓦尔斯基生活的年代，这类野马就已经非常少了，一方面是因为遭到大面积猎杀，另一方面是要和驯养马争夺水和草甸。

在中国土地上进行的最后一次对普氏野马的分类整理，发生在1958年。此前，北京动物园派了两支考察团去寻找野马的踪迹，却无果而终。内蒙古直到二十世纪七十年代初还有关于野马的报道，但那之后，野马便被视作灭绝。只有在几家动物园，还有几头野马存活了下来。在这一救亡式的饲养中，赫克兄弟是主要负责人。

二十世纪九十年代，人们开始将野马重新引入至其发源地。先是在内蒙古，后来也在新疆的卡拉麦里自然保护区。寒冷的冬季、大量的采矿活动，加上一条快速路的扩建，导致经常出现野马受伤的事故，野马的数量曾一度下降。此外，还有野马的天敌——狼的存在。尽管如此，据统计，中国目前野生的野马数量，大约在一百五十匹。

在阿尔泰山以南更干燥、更偏僻之处，野生双峰驼存活了下来。普尔热瓦尔斯基也是第一个科学记录野生双峰驼的人。和野马不同的是，虽然双峰驼的数目很少，但双峰驼的存活是持续的，中间没有间隔。而现在，它们面临着极大的威胁。故而，保护它们共同的生活空间便显得更重要了。野马和双峰驼曾是人类最重要的两种有用动物。很多史料都表明，它们曾在阿尔泰被驯养，也许还和驯鹿一起被驯养过。在它们的背上，蒙古人创建了历史上最大的帝国。

火车重新开动时，天已经黑了。边防站传来一阵欢快的军号声，是在向大家说明，这里是秩序在统治，这里是乐观在统治，这里是中国在统治。从“后门”（即通过陆路）进入到中国这个巨大的国家，有着独特的魅力。火车驶入的是新疆。

早上，路上的风景明显绿多了。棉花采摘者在一望无际的种植园里劳作着。二十世纪五十年代，中国参照苏联模式，在这里开垦了巨大的棉花种植园，为的是开发这沙漠中大部分尚由维吾尔族人居住的西部新自治区。那时，乌鲁木齐只有一栋三层楼的建筑。现在这个城市有二百六十万居民以及高楼林立的天际线。街上又重新出现了民族的缤纷大融合，其中当然也包括维吾尔族人。

丝绸之路——柔软的丝绸在坚硬的路上。这一独具魅力的概念，是德国人李希霍芬男爵提出的。受上海国际商会的委托，他是第一个系统研究中国的欧洲人。他受了百科全书式探寻世界的洪堡精神的影响，但也已经有了工业的实用性思维。他的脖子上，总是挂着一支铅笔，以便随时使用。他的主要著作有三千页，此外，他还发表了两百篇文章以及一本宏伟的中国地图，但似乎只有“丝绸之路”这一个概念流传了下来，在全世界获得了成功，吸引着一代又一代的游客来亚洲旅游。这当中也包括李希霍芬的学生斯文·赫定，赫定研究的正是李希霍芬一直想去研究的地方——“中亚和中国西藏属于地球上最有趣的地区”。赫定的助手——比利时人保罗·斯普林格尔德也对这一使命极为重视。他取了个中国名字林辅臣，娶了名中国女子做妻子，成为当时少数在西安定居的欧洲人之一。

一开始，是李希霍芬1877年发表了文章《关于中亚的丝绸之路》。考察队在挖掘时，发现了作为陪葬品的丝绸，此外也在沙漠旅店里发现了丝绸布头。李希霍芬关于文化交流史的论点，至今都还很有说服力：“尽管中国人有经商头脑，但我们不能认为，当时的中国人能自己将自己国家的产品运送到遥远的市场去。当时的贸易不像后来那样，能不受限制地从生产国大量流入消费国，而是要手把手地经历一系列自然和人为障碍。生产丝绸的人，不知道丝绸将去往何处；接收丝绸的人，也不知道丝绸是从何而来。”

对于丝绸，古罗马人便已是极度喜爱了。地中海和黄海间漫长的陆路桥梁之间，丝绸曾是最轰动的交易品。一起交易的还有无数其他商品，只不过“羊毛之路”这个名字不会散发出类似的魅力。从西方传来的有玻璃、黄金、宝石，从东方传出的是纺织品、茶和陶瓷。此外，两边都有武器和马流通。“丝绸之路”的“路”这个概念也给了人错误的想象，人们会以为只有一条路，其实不然。“是多条路。”赫定强调，“是野马、驴和麋鹿踩烂了的那些小路。而我们则是真正在独自前行。但如果认为，这样的旅途是无比孤独、折磨人的，那你就错了，没有比这更神圣的场面了。”

一条稳固之路，对沙漠商队来说并非优势。车辆和步兵需要稳固的地面，但对骑乘牲口和驮载牲口来说，稳固的地面反而不利于行进。每个在卵石路或是柏油路上骑过不短时间的马的人，都会叹着气证实这一点。沙地和草地会合适得多，骆驼和马也是从那儿来的。沙漠只要有水和据点，对商队来说便不是障碍，而是很好通行的地带。在森林里前进则要困难得多，特别是和驮载牲口同行时则更困难。这也是丝绸之路不经过西伯利亚的原因。

伴随着车轮有节奏的持续转动声，火车来到了塔克拉玛干沙漠。塔克拉玛干沙漠被称为“胡杨林之地”——这对于一个沙漠来说真是奇怪的名字。这一名字的由来，是河流沿岸曾有大面积的草地森林，水陆两栖、种类多样且茂盛碧绿。这里最重要的河流曾是塔里木河。塔里木河在流淌2000千米后流入一个内陆三角洲，可以说是中亚的奥卡万戈。而现在，塔里木河在1000千米后就干涸了。五十年前还是德国米里茨湖面积二十倍的罗布泊，在地图上看起来只不过比一个画上阴影的幻想湖泊大一些。罗布泊曾是李希霍芬眼中的一大谜团。根据普尔热瓦尔斯基和其他欧洲研究者的数据，罗布泊整整偏离了中国地图上标记的罗布泊两个纬度。赫定探索研究了这一地理学上的海市蜃楼，将罗布泊认定为“流动的湖泊”，而塔里木河则是“迁移的河流”。

新疆的水资源现在已被挖干了。中游的种植园一片碧绿，城市也在蓬勃发展，但下游却已干涸了。河流绿洲盐化、沙化严重，沙漠在蔓延。赫定在二十世纪三十年代用筏子穿过的有老虎生活的森林，如今早已不存在了。而现在，中国投入几十亿资金重建这些“绿色城墙”的项目。其中最重要的一项，便是从山上的水库引水至塔里木河。事实上，在试引水时，河岸的植被已展现出了惊人的再生能力，而即使是罗布泊也很快又出现在了人们的视线中。

风是沙漠真正的主宰者。它已经在沙漠展示了自己的威力。但与此同时，风也有它的益处，比如说提供能源。亚洲最大的风能发电厂便建在塔里木盆地。在隔壁的甘肃，正在建设世界上最大的风能发电厂。此外，塔克拉玛干沙漠还发现了油。故而，人们如今在提到这一荒漠时，也抱有希望。新疆以西藏为榜样，现在也在计划修建铁路，为新疆带来突破。具体的实施计划是，将已经存在的东西交通扩建成一个围绕塔克拉玛干沙漠的巨大椭圆形铁路网。而现在正全力推进的交通大工程“一带一路”，则意在重振二十一世纪的丝绸之路。

塔克拉玛干沙漠一直以来都是边陲。在人与沙漠的博弈中，有时是人取胜，有时是沙漠取胜。人胜利的一个佐证，是古老的东方式灌溉系统坎儿井——一连串相通的井，将天山融化的雪水引到田地里进行灌溉。这里河流干涸，而这些井在地下20米、50米，甚至是100米的地方流通。吐鲁番坎儿井博物馆，便有对这一令人着迷的灌溉文化的说明。吐鲁番盆地位于海平面155米以下，夏天持续三个月超过40℃的高温，让吐鲁番盆地成为地球上最热的地区之一。

而沙漠胜利的代表是高昌和交河——它们都是被风吞噬掉的古城。游客要乘坐驴车，穿过干燥炎热得如同烤箱热管的沙地，才能到达这两座古城的遗址。这些城市当时是如何蓬勃发展起来的，又是如何走向覆灭的？是因为气候变化、战争还是民族迁移？马可·波罗曾记载，自己在此处曾遇见过聂斯脱利基督徒和索罗亚斯德教徒，以及摩尼教徒、穆斯林、佛教徒以及“偶像崇拜者”。但当1900年前后，西方考古学家来到这一地区时，所有这些都被埋在了沙子底下。一起被埋的，还有吐鲁番和敦煌的沙漠图书馆，里面有数万文献，包含阿拉米语、维吾尔语、汉语以及梵语等。行走在丝绸之路上，你会发现，即使是已灭绝的语言如吐火罗文也在重新复活，而与此相匹配的木乃伊则被证实是金发蓝眼……

曾经的古代文明，从柏孜克里克的石窟中也可见一斑。六十座窟龛排列在一起，像是基督降临节历的窗户，但这个有着一千四百年历史的朝圣地里面的大部分的壁画和石像，早已被掠去装饰着欧洲的博物馆。欧洲，在中国地图上占据的是最西北的位置，是一种布满裂缝的延续。

我们在铁轨上的远洋航行，下一站已经来到了东部1000千米的地方：位于黄河边的兰州。兰州被贫瘠的山脉挤压着，直到今日都保持着局外人的特征。但恰恰是在这里，我们遇见了一件德国遗物：这里横驾黄河的铁桥，曾是德皇威廉二世送给中国的一件礼物。

兰州邀请你步入时代之旅——二十年前的中国就是这个样子。蓝装依旧是工人和农民的主要服装，大家都在公园里做集体早操，马路上传来二十世纪九十年代的流行歌曲。长鼻子的外国人还被当作稀有物种，被人兴奋地拍着照。兰州人看起来没有经验，很朴实、很憨厚。100元的纸币在这里基本没办法换开，人们日用的金额非常少。

位于兰州的甘肃省博物馆，存有一件世界级的艺术品：甘肃飞马。这是一尊有着两千多年历史的铜像，其发现得益于中国和苏联之间的危机。当时，武威居民被派去挖防空洞，结果发现了两百件随葬品，其中便有这尊飞马。作家、考古学家郭沫若意识到了飞马的艺术价值以及其作为中国的珀加索斯所具有的象征力量：奔马三足腾空，仅右后足触地，但其实还算不上是触地，事实上奔马整体都悬在空中，或者更贴切地说是在跨向一只飞鸟。这只飞鸟时而被认为是飞燕，时而被认为是飞鹰。从二十世纪八十年代起，有关部门将这尊铜像制成了徽章，飞马就这样成为整个中华民族的大使。

黏稠的黄河激起了千层浪。乘船可以去往丝绸之路上最重要的一个文化景点——有着一千六百年历史的炳灵寺石窟。只有当水库的水足够，才可以参观炳灵寺石窟。对面的河岸上，等待我们的是一排排垂柳。在不同寻常的喀斯特地貌间，二百座石窟上遍布佛像。你可以在这里再次感觉到柔和、温顺的宁静。

下一个寺庙——塔尔寺则已位于青藏高原的北部边缘。如今的塔尔寺，类似于一个佛教主题公园，游客和朝圣者维持着平衡。

而在邻近的西宁火车站，游客又再次成为大中国的民族秀：留着大胡子的穆斯林，与穿着古典旗袍的优雅汉族女子肩并肩站在一起等火车。带着头巾的妇女，微笑着露出自己的金牙。来自四川的农民工则蹲在扎马尾、着皮领的西藏雅皮士旁边。

“火车即将到来，更美好的生活也将到来！”候车室的标语宣告的是一场革新。世界屋脊全部被翻新。而翻新最重要的工具，莫过于高度现代化的青藏铁路。2000千米的高原路，乘坐青藏铁路只需要大约一天。五十年前，需要三个月才能穿过青藏高原。普尔热瓦尔斯基的首次探险便不得不在这里终结：“这一地区像一个被巨大城墙环绕的巨大堡垒，阻挡着外来者的脚步。”

火车外面，是英雄式的一望无际。有时会看到一位孤单的骑马人，或者一个冒烟的帐篷。一群藏羚羊四下跑开——它们还没有适应这轰隆作响、切割着其生活区的庞然大物。车厢全部配有无线网，每张床上都有一架电视。车厢的闪光显示牌上宣告着“4800米”——这是勃朗峰最高峰的高度。这趟火车穿行的高度，最后竟然达到了5079米——可以说是世界上海拔最高的火车了！因为有气压调节和氧气调节，我们在火车上基本感觉不到这一海拔。也许是大家都有些兴奋了，也许是在兰州和西宁渐渐适应了气候，总之西藏的极端高度，对我们来说不成问题。

火车里的许多乘客，都是西藏人。他们中的一些人，是第一次出藏，比如说那一群女裁缝，她们便是首次集体出游归来。胡先生——火车上的警察，给人的印象很超然。这趟车他每个月跟五次。“我的任务是抓小偷、调解纠纷等，但车上从来都没发生过什么。”于是，他就和车上的厨子或检票员开开玩笑，有时也会在餐车柜台后卖卖苹果汁。他就这样，全心全意为人民服务着。

车厢的广播辞藻华丽，警示着游客，进藏后要尊重当地的风俗习惯。在寺庙里不能抽烟，不能触摸塑像，不能脚踩门槛……火车已经穿过了兵营。不知士兵是否也获得了类似的与珍稀文化打交道的指南？

拉萨火车站，虽然风格是西藏古风，依山而立，像一座堡垒，但比许多机场看起来还要现代。青藏铁路最吸引人的部分，是一样高科技运输工具穿行在一个发展中国家。而这在与老西藏的对比中，则显得尤为突出。在拉萨市中心，朝圣者围着大昭寺叩拜，一路伴随着趴地的声音。他们磕头，五体投地，然后起身，走几步，然后又磕头，五体投地。拉萨城上方，高耸着布达拉宫的圣杯城堡。这座无主之屋，如今只是作为象征被崇拜着。

其他寺庙则还履行着自己的宗教功能，还是那么庄严华丽。与其相比，即使是巴伐利亚的巴洛克建筑也相形见绌。放眼望去，是一片祥和的景象。

我们此次环游之旅的最后一个高潮，是经过拉萨广阔的山谷。整整四天，我们都穿行在无与伦比的景色和无比辉煌的文化宝藏中——那是距离天空最近的宝藏。天空是那样纯净的蓝，这是大自然的馈赠。在边防高地，五颜六色的祈祷旗在石塔楼上迎风飘扬，捎去给神明的问候。

我们的环游之旅，最终又在拉萨结束。拉萨在过去的十年中，变成了一个大城市。西藏的游客，经历的是扣人心弦的混杂。而游客自己也作为少数民族，为这一混杂贡献着自己的力量。酪酸的味道和香奈儿的味道混杂在一起，正品鳄鱼衬衫与赝品鳄鱼衬衫擦肩而过，毡鞋踩在了徒步凉鞋上。

除了铁路，乃堆拉山口的重新开放，也让西藏更好地与外界连接。几千年来，乃堆拉山口都是连接印度和中国的纽带。因为边境冲突，乃堆拉山口被关闭了五十年。但现在，来自尼泊尔和印度的商品和人员又重新进入了中国，其中便有很多客工，多半是在旅游业帮忙。经过了几十年的隔离，曾经的喜马拉雅的繁华如今又可见一斑。

而这正是丝绸之路给我们的教训：亚洲是一个连续的统一体。亚洲的民族和文化从来都有联系，而这种联系，是跨越了荒原、沙漠和高山的。即使我们现在只能在丝绸之路上幻想着古老的民族宇宙，也再无人会说吐火罗文了，但交流永远比封闭更得人心。

山西之行

寻找“真正的中国”

摄于山西

辉煌的中国！拥有五千年灿烂文化的文明古国！来中国旅游的人到处都能听到类似的赞辞，文明古国的称号，是一张王牌，一张足以碾压其他国家的王牌。

中国上榜联合国教科文组织的世界遗产共有五十处（编注：截至2019年为五十五处），比俄罗斯和日本的加起来还要多。而美国只有二十二处。这二十二处遗产，包含多处火山和间歇喷泉，只有九处是文化遗产，且大部分是史前遗产。从此，美国在这一方面似乎没有很多作为。

而中国则与此相反，日渐以超级文明大国的形象引人注目。目前，只有意大利能和中国比肩。估计在下一次世界遗产委员会大会上，中国将跻身世界文化遗产名录首位，因为中国的世界文化遗产推荐表（某种程度上也可以说是储备表）上，已经列好了另外五十处遗产！

而这是中国二十多年来一直按照计划努力的结果，许多著名的文化场所被翻修，从长城到布达拉宫，从苏州园林到澳门古城，都在翻修目录上。不过，在这全国性的翻修浪潮中，更注重的并不是还原历史的真实，而是满足现代人的期望。

中国的宝贝数不胜数！

比如说位于太行山以西的山西省。山西是巨大的黄土高原——常被称作“中国的摇篮”的一部分。这里的大部分名胜比人们在北京见到的所有名胜古迹都要古老。从北京去大同，需要五个小时。对中国来说，这几乎属于短途交通。火车在迷宫般的丘陵地带穿梭，途经无数的桥梁、隧道，以及绿色的峡谷、黏土状的河流、光秃的礁石等。和去中国东部和南部旅游途经的单调的低地相比，这是一番截然不同的景象。

数年来，在西方记者中，流传着在黄土高原上还居住着洞穴人的谣言。

这真是天方夜谭！

在西方记者的想象中，黄土高原的洞穴人是全身长满毛发、嘟哝着围着篝火烤鹿腿的北京人。但事实上，黄土高原上住着的是平常的小农，虽然贫穷，但既不粗野，也没有不快乐。窑洞也不是藏在谁也不知道的地方，有些坐在火车上便可以看到。而在太原以南，各式窑洞装饰着高度现代的高速公路。有些窑洞的年代非常久远，但大部分都是五十年前至七十年前才用黏土打成的。窑洞里夏天很凉快，冬天只靠厨房的灶台来取暖。建筑师和建筑生物学家肯定很快会向我们推荐山西的窑洞，将其赞誉为生态生活方式的顶峰。撑住，朋友们！你们很快会被视作先锋的。

和贫穷一样，这个省份的富裕也没有暴露在日光之下，而是隐藏在地底下：煤炭！

越靠近山西，路上越能看到货运火车和大货车，上面装着黑色的矿产——煤。山西省矿区的心脏部位是大同——个中等规模的工业城市，城里住着一百多万人，另外还有两百万人住在其管辖区。大同有着前线城市的特征。虽然离北京只有几小时车程，但却相对独立。而中国荒芜的西部则让人觉得很近。在餐厅用餐的食客，将啃过的骨头扔到地上。他们一勺勺地喝醋，仿佛在饮长生不老药。

在这样一个城市当旅游局局长，并不是件容易的差事。但现任局长却胸有成竹，他看起来更像一名能源经济部的官员：干练、声音洪亮、带着厚重的眼镜，镜片看起来像是眼睛前的盾牌。

大同有大目标，他这样谈道。

大同会建设一个全新的古城。这在中国并不矛盾，而是家常便饭。大同早就没有古城了，而现在证实，古城还是有一定价值的。十年前，大同的城墙还是破旧不堪、长满了杂草的黏土墙。而现在，它已被砖瓦城墙取代，并配有宽敞的长廊、风景秀丽的烽火台以及两侧环绕的公园。虽然大同历史上从未有过如此豪华的防御城墙，但这无关紧要。重要的是，这能让人印象深刻。鼓楼和钟楼也被重新启用。钟楼虽衰败严重，但尚且存留着，而鼓楼则已不复存在了。局长在其报告中，对鼓楼投入了比钟楼多得多的注意力。

中国人对于怀旧思想是陌生的。发展先于保护。相应地，文物保护在这里不是自发的行为，而是一种达成目的的工具。如果有用，能带来收益，比如说能吸引游客，那就会被保护，虽然保护也只是半心半意，只按照粗略特征重建、复制过去的时代便够了。像德累斯顿圣母教堂重建那样，精细规划，如同一个有几千部分的拼图，在中国是无法想象的。因为历时会太久，人们没有这个耐心。

美国地理学家马克斯·伍德沃思曾这样描述大同的重建过程："为了将大同变成一个对历史感兴趣的游客的聚集点，大同将其古城的大部分地区拆掉后，重建了润色后的自我。"这对欧洲人来说是个足以令人抓狂的矛盾，但这对中国人来说却是有效的措施。

但有些古迹还是留了下来。比如九龙壁，一个近50米长、铺设了琉璃瓦的龙壁，甚至在北京故宫也有它的仿造品。

又比如说华严寺，相比起大同的喧嚣，华严寺可以说是一个安静的世外桃源。它建于公元916年开始的辽代。游客被这三位数的年代惊呆了。是不是少了什么数字？没有，没少什么，这对山西来说不算年代久远。从旁边的建筑工地传来了不同寻常的声音，工人在敲敲打打、锯木头，这里用的不是钢筋混凝土，而是木头。华严寺的主殿正按照原有的建筑风格重建。

而最快的应该是大同东边的巨大公园，是由慕尼黑景观设计建筑师克里斯朵夫·瓦伦丁设计的，上海新植物园——辰山植物园的设计也要归功于他。大同政府的规划中，除了建公园，还包括建山地森林、植物园、动物园。不久前，当瓦伦丁来检查一切是否进展顺利时，惊奇地发现：才不过三个月的时间，整条山脉的绿化都已经弄好了。

而在华严寺周围，一年内已建成了一个全新的明代古城区。一切像是变魔术变出来的。

大同有一个城市发展博物馆，里面展示了大同已经完成或尚待完成的巨大建筑工程计划。这些工程的目标，是将一个疲软的工业区转化为一个干净的示范型城市：大同——煤灰里的凤凰。

而大同的街道，看起来便像是活化的自己。你永远无法相信，这是西方理解上的真实。“一切看起来既新又旧，”伍德沃思这样断言，“就算很多新建筑完全展示出了上乘的设计质量，但看到这些建筑，首先还是会让人产生一种时间上的混乱感。”

如果朝南走，便会看到巨大的卫星城，里面住着的是被安置的老城居民以及新兴的中产阶级。这里的交通干线特别宽，有来自虚拟的美好年代的各式灯笼，还有成群的推土机。

60千米后，我们到了浑源县的悬空寺。悬空寺的楼阁像燕子窝一样，紧贴在岩壁上，只靠薄薄的木棍来支撑，比筷子稳不了多少。这拍摄科幻片的完美场景，竟然来自六世纪的建筑。悬空寺后高耸的恒山，是中国“五岳”之一，上面林立着各式庙宇。

铁路线和高速公路线经过山西省省会太原，一直通到西安。一路上还有很多名胜，如同串在一根线上的珍珠。比如说令人着迷的晋祠，里面有令人敬畏的铜锈和古老的树木。而有着宏伟城墙、战门、纵横交错的商行的平遥古城，虽说是一个小城，但却已有两千八百年的历史。乔家大院，一个古典的商贾住所。在这里，张艺谋拍摄了他最好的电影之一——《大红灯笼高高挂》。这是一部扣人心弦的小型戏剧，是张艺谋很久以前的作品。而现在，张艺谋已成为知名的大众导演。

和商行的性质类似但规模却大许多的是王家大院。王家大院分为好几大块，位于山坡上。一部分是保留下来的原迹，一部分是刚重建好没多久的仿迹。这是中国对于自己的遗产比较矛盾的处理方式的另一个例子。王家大院以前真这么大吗？它真的是像现在这样美如画卷吗？不一定，王家大院的看守人这样解释道，但现在这样的王家大院更具有吸引力。

仅一个复制的古城，再加上不错的风景，是很难吸引到国际观众的。但大同还有张王牌，一项世界级文化遗产：云冈石窟。

大同以西半小时车程处，住着山西最大的窑洞居民：高18米的佛像。这些坐佛安坐在黏土窑洞中，用悲悯的眼神注视着时间。它们形成于公元500年左右，几乎还能算是古希腊古罗马时期。252个窟龛依次排开，周围修饰以数千座大大小小的佛像。佛像脚下装饰有香烛、花、水果、线香等，捐赠箱则期待着人们微薄的捐赠。

4000千米之外的阿富汗巴米扬，在被破坏之前，也有来自同一时期的类似的大佛。在中国的西部腹地也有类似的石窟，但在中国的东部偏北地区，靠近北京这么近的地方竟然也有，真是令人无法想象！在如此巨大、难以穿越的大陆，竟曾有过文化的这般高度统一。

早在四百年前，为了防止风化，云冈石窟的一些坐佛被安上了华盖。这也说明，保护文物是云冈长久以来的传统。即使在今天，也有足够的财力可供对石窟进行保护。每年七十万人次的游客数量也能带来额外的收益。但云冈石窟却因自身的成功而病了。蜂拥而至的游客，使得石壁上那些敏感的壁画日渐受到破坏。

受人追捧的联合国教科文组织授予的头衔，是否真能保护这些遗产古迹？不一定。也有可能产生相反的效果。在和平年代，世界遗产的头衔会让大众旅游的数量达到一个威胁到其存在的数值。而在战争年代，这一头衔同样是弊大于利。因为敌对者会有意识地将敌人一个价值斐然、不可替代的象征物作为毁坏的目标，以动摇敌人的军心。这样的事发生在了叙利亚和伊拉克，整个世界都不得不无能为力地注视着悲剧的发生。而在巴米扬，世界遗产的地位也没能阻止石窟雕像被火箭筒毁于一旦。

而在非物质文化遗产方面，中国的优势则更明显。非物质文化遗产包括风俗、舞蹈、歌谣以及各种不同的口头传说等，是以石制文物古迹为主的物质文化遗产的平衡物。物质文化遗产的主体多为西方，这历来已久。德国几年前才加入了非物质文化遗产组织，迄今为止也只占据着一项半名录，而中国早就占据了名录榜首，将其他国家远远地甩在身后。目前中国有三十余项非物质文化遗产。

比起占多数的汉族，中国许多的少数民族在非物质文化遗产名录上所占的比例很重：比如朝鲜族农乐舞、蒙古族长调民歌、柯尔克孜族《玛纳斯》史诗、南方山民的歌谣如侗族大歌等。说到非物质文化遗产，中国便不再是“中原中心”，更像是“边缘中心”，因为住在边缘的少数民族贡献的非物质文化遗产，超出了人口比例许多。

中国许多少数民族都有伟大的史诗，从蒙古族到西伯利亚的鄂温克族，再到湖南的山区民族。而其中最伟大的史诗，莫过于藏族史诗了。藏族的《格萨尔》于说书人的意义，可以与中国长城于建筑大师的意义相比。《格萨尔》的长度是《伊利亚特》的二十倍，要将整部《格萨尔》朗诵出来需要超过一个礼拜的时间。但还是有个别天才能将这首长长的赞歌一股脑儿背诵出来。《格萨尔》叙述的年代，可以追溯到萨满早期，那时祭礼和文化还未区分开来。过去几十年，科学家们在一个大项目中研究了这部史诗巨著并进行了详细的记录。

就这样，中国的多民族国家队在世界遗产的榜单上遥遥领先。而与此相对应的是，文化遗产变得越来越受欢迎，连宝马这样的大集团也愿意以资助者的身份出现。而现在，全中国上下都在举办非物质文化遗产的展会。辉煌的中国！世界遗产委员会每次开会，中国的比重（至少在名义上）都在增长。毕竟，中国可供选择的遗产非常可观：中国自己设定的国家级非物质文化遗产数目，就包含一千多条！

回到未来

上海传奇

摄于上海

老王，一直和蔼可亲的老王过世了。每当有外国游客参观摩西会堂，想多了解点儿上海移民的历史时，都会请老王过去，而他每次出现之快，着实令人惊奇。老王本名王法良，他每次出现都带着角边眼镜，永远那么和善。已经退休的他，退休后的工作是做一名时代证人。看着蓝灰色的屋顶以及自己从小长大、晒满了各式衣服的弄堂，老王回忆起了往事。应该是1938年年底，外国人开始涌入上海。一开始只是个别，但很快就成群成批，就像被一场遥远的风暴吹到陌生人家门前的树叶。这些人在上海一待就是十年。

年轻的时候，王法良与犹太家庭为邻，有时也为犹太家庭做事。他们与上海之前的外国人不同，很穷，要不然也不会搬到虹口来，而会搬到法租界或公共租界（英美租界）去。1937年，日本入侵上海时，这两个租界并未受到影响。而在淞沪会战后，虹口变成了废墟。摩西会堂逃过劫难，侥幸存留了下来，几年前被改成上海犹太难民纪念馆。直到去世前，王法良都带着曾经的移民及其后代，从这里开始参观周边的里弄。有时，参观者的双眼会湿润。那儿曾是我上过学的学校，那儿是医院，这儿是父母曾住过的地方，阿姨曾在那儿开了个面包房，这儿是臭名昭著的监狱……

是什么让这些人恰恰来到了上海——这个位于世界另一端、有着魔鬼的天气以及人们无法理解的文化的“东方城市”？这是因为，1938年，纳粹开始对犹太人进行大屠杀后，所有能移民的国家都设置了各种障碍，上海这个远在长江三角洲的港口城市成为最后的避难所。当时上海有各方势力为获得统治地位而博弈，故而没有一个中央政权要求移民必须要持有签证，也没有相关的移民规定，而这挽救了一万八千人的生命。

当时从欧洲坐船来上海，需要三周的时间，这至少给了难民一个喘息的机会，但他们到达上海后的震惊却更大。“如果能回欧洲，我便是世界上最幸福的女人。”这样深深的叹息在许多移民的信中都能读到。逃难而来的大多是社会的中产阶级，他们当中有教师、医生以及小商人。一开始，这些人是住在拥挤的宿舍里。那些身体状况较差的可以常年在宿舍居住，而其他人则应自寻出路。

他们当中，有些人在里弄里开起了各式小店，有美食店、男装裁缝店、女帽店、时装店等。“Delikat（美味）”饭店供应“自制面食以及最好的维也纳菜”。“Fiaker（奥地利观光马车）”承诺店里有维也纳之外最美味的萨赫蛋糕。而在犹太饭店“Tel Aviv（特拉维夫）”，大家都呼吁着犹太复国主义。“Palm Garden（棕榈园）”则将一部分格林津（该地区的“今春酒馆”众多，出售的都是当年酿制的新葡萄酒）移植到了上海，即使在最热的时候也开门营业，邀你去尝尝店里的奥地利新葡萄酒。还有临近的“White Horse（白马咖啡馆）”，犹太难民常相聚于此，讨论排演歌剧。2016年，为纪念这一段历史，同名的“白马咖啡馆”开业了。

当时，除了中欧人，还有一些贫穷的俄国人住在附近。当然，还有数万中国人，大部分都是小人物，有船坞工人、街头小贩、手艺人等。这些人受战争之苦，都变得一贫如洗。一开始，他们将新来的外国邻居既不视作犹太人也不视作难民，而是另一群他们要打交道的外国人。但他们之间的接触，只停留在了最基本的层面。许多难民在停留上海的数十年时间里，甚至连一顿中国菜都没吃过，更别说爱上上海了。难民们既没有钱，精神上又受到了刺激，故而不会去想和中国人过多接触，多半是自己待着。而现在生活在上海的西方人则不同，很少会长时间一个人待着。当时的中国人，对难民的世界知之甚少，而难民对中国人的世界也是一窍不通。

但这段历史还是给东西方架起了一座桥。其他任何时期，都没有这么多的德国人和奥地利人生活在中国，类似的规模直到现在才又达到。德国和奥地利的总领事馆对于这一非常欧式的回忆文化起到了决定性的作用，而这一回忆文化主要是在摩西会堂周边展开。此外，还有来自以色列的援助，因为从来没有这么多犹太人生活在中国。“二战”结束后，许多犹太人去了巴勒斯坦。而现在，依旧存在的犹太社区则与移民没有什么联系，因为这些移民主要是从北美、以色列、欧洲，有些也是从南非、南美来的商人，在上海待几个月或几年。他们在参观老的犹太难民区（既是犹太人隔离区，也是传统中欧犹太人居住区）时，显得甚为惊奇。

上海第一个犹太教堂是1887年兴建的。犹太人在此世代居住，一开始大多是英国公民。1943年，他们与其他“敌对的外国人”一样被隔离，需要忍受比中欧犹太人社区更差的生活条件。这是因为，居住在中欧犹太人社区的犹太人被日本人视作德国人，所以受到了保护。还有另一个社区，是由4000—5000名俄国犹太人组成的，大部分是“革命难民”。第三个社区是来自德国和奥地利的16 000—17 000名难民，包括几百名受洗的犹太人、犹太人信仰基督教的伴侣以及一些来自东欧的家庭。第四个社区是1941年从波兰来上海的约1000名犹太人，当中包括一整个塔木德经文学校的成员，这所学校是唯一一个逃过犹太人大屠杀的塔木德经文学校，学生和拉比都是乘坐西伯利亚大铁路来的。

战争结束后，大部分犹太难民去了美国、澳大利亚或以色列，约五分之一回了欧洲，有几百人想留在中国，因为这些人已经在生意上站住了脚，结交了朋友，有的还在中国结了婚。1949年后，这些人大部分去了香港，为香港的腾飞做出了贡献。

老王，一直忠诚开朗的老王过世了，但虹口还生活着那个时代的见证人。穿行在虹口的弄堂或小公园里，你会看到有母亲推着婴儿车，婴儿车里是嗷嗷待哺的婴儿。你也会看见儿子推着轮椅，轮椅上坐着白发苍苍的母亲。对于过去，老人们有很多东西可以讲，但没人问他们。寻找历史足迹的外国人不会问，因为语言不通，所以只好瞎转悠。中国人也不会问，因为他们不愿意触碰过去的历史。如果当地的历史学家、出版商要研究这段历史，他们宁愿去翻阅西方的时代证人写的报道，也不愿在自家门前调查询问。但如果有例外，需要问一个当地人，那还有老王——一直善良热心的王法良。可能老王自己也不想，但他却垄断了中国时代证人的角色。想了解以前的历史？去问老王吧！搞得好像当时所有的欧洲难民只有老王一个邻居一样。

虽然在中国，说书这一行至今还非常活跃，但中国的学术圈对口头历史的研究依旧陌生。如果你是一名研究者，请跟随难民的脚步，等待你的将是一段被人忘怀的时光之旅。如果要来虹口，可以坐地铁来，来和那些不起眼、被认为不重要的人聊一聊这段历史。

2003年，在为我的小说《最后的避难地：上海》查阅资料时，我们很庆幸尚有许多时代证人住在曾经的难民住过的房子里。即使是今天，也依旧能找到一些这样的时代证人。张小妮，1931年出生的她，是一个身材瘦小但活力四射的女士，喜欢穿轻质印花连衣裙。她是否还记得以前的路名？当然！华德路、倍开尔路、汇山路……她还知道几处信箱，信箱上还印有已经发白的德语名字。张小妮家住的房子非常不起眼，当时弄堂里有几千栋这样的房子。“一开始，我们把顶楼租给了一个德国家庭，后来又把中间一层租了出去，最后我们搬去了亲戚家，为的是把一楼的店面也租出去。”难民在日常生活中碰到的中国人，多为邻居、房东、商人以及市场上的顾客，有时也会在小的商店里碰到。但有一个中国人，难民们都认识——挑粪工。每天早上，他都推着他的小车，穿梭在弄堂里，清空各家各户的木便桶，将木便桶里面的东西作为“夜土”卖给附近的农民。

随着最后一批时代证人的去世，他们曾居住的房屋也在日渐消失。此前，迷宫式的弄堂还保存完好，甚是令人惊奇。但现在，虹口作为上海最后的中心城区，进行了大规模改造。摩西会堂周边的几条街道还存留着，但其他街道已经认不出原来的模样了。

这一发展的动力，是为了建成黄浦江沿岸的新型国际邮轮客运中心。通过建设这一邮轮中心，上海想重回“二战”前的辉煌时代。“二战”前，每年都有四万名国际豪华邮轮的游客在上海靠岸。而战后，上海的旅游业陷入了瘫痪。事实上，建设邮轮中心这样的举措，在中国是常事。人人欢欣鼓舞庆祝的大突破，其实是早就有的。很多东西看起来新，只是因为前面一代人或两代人将其毁坏了。

而现在，又有邮轮驶入上海，那些闪闪发光、带有浪漫气息、让人无法拒绝的豪华白色大邮轮。不过，中国人对此还不习惯。大多数中国人看到邮轮，都会先想到电影《泰坦尼克号》。乘坐豪华邮轮旅行，在上海还比较新鲜，邮船公司得先花心思让人们爱上这样的豪华游，给他们介绍、推广海上文化。

国际邮轮客运中心发出绿色的光，形状类似一滴巨大的水珠。它的四周，已经形成了崭新的天际线。虹口如同一个不受拘束的暴发户，从上海的后院，一跃成为上海的首选地址。虹口的这一新港口区被称为“北外滩”。离黄浦江2千米处的商店、办事处等都在使用这个闪耀的名字。在北外滩沿岸，出现了酒店、写字楼、汽车隧道以及两条地铁线。同时，虹口有了新的形象——上海的“海上门户”和“文化区”。二十到三十层的高层住宅取代了寒酸的小楼房，底层也没有了杂货铺、小饭店，取而代之的是有机超市和时装店。

辉煌的过去，只有在它能带来盈利或名望时才有机会重现。摩西会堂附近，开了一个名为“珍珠”的奢华剧场，该剧场旨在通过爵士乐和歌舞，重塑上海二十世纪三十年代的神话。剧场附近是一个宏伟的建筑群，建筑群的名字很简单，是根据其建造年代起的：1933老场坊。这是上海建筑现代化最有名的一个例子。这里曾是上海的宰牲场，它那别具一格的混凝土拱顶，吸引着设计工作室、时装设计师、传媒公司等入驻。此外，里面还有不少时尚餐厅、时装店等。在这里，上海又一次获得了新生。

就是在上海并不稳固的冲击土壤上，每年都有六十五栋新摩天大楼冲向云霄，还是说现在已经变成了七十五栋？八十五栋？上海的数据是滞后的，即使这些数据试图把握现在。但其实现在早已成了过去。今天的我们书写明天。有的城市活在时代之巅，而上海则是活在未来之巅。

至少上海是最愿意看到自己这样的。它作为世界奇迹和超大城市，在西方媒体中，也是被偏爱、被报道得最多的城市之一。但一说到深度，则存在一股逆流：对昨日的依恋，寻找失去的时代。百老汇大厦、礼查饭店（浦江饭店）、派克饭店（国际饭店）等传奇酒店又沿用了它们以前的名字。怀旧的游客蜂拥而至，如果上海不知如何从中盈利，那上海便不是上海了。

来上海，一定要去外滩看看。外滩的英文为Band，这个词源自印度，和别墅（Bungalow）这个词一样是英国人带到中国来的。钢拱廊的花园桥（外白渡桥）将虹口与外滩连接起来。桥的两侧是上海的政治中心，很多外国领事馆驻扎于此，各色国旗迎风飘扬，其中也包括德国领事馆。“上海不属于其他任何国家”，皮特·弗莱明曾这样记载道。曾经的法租界和由英国主导的公共租界是享有法外权的。大上海不仅包括老城，也涵盖周边延伸的居住区和商业区，直接受中央政府管辖，只在1938年被日本占领后受日本管辖了一段时间。其他时候，上海都将政治丢给北京或南京，因为上海还有更好的事要做。而现在，上海又陷入了另一个极端——努力让外滩获得世界文化遗产的称号。不过，上海忽略了一个事实，即外滩许多辉煌的老建筑已经被掏空，有的甚至已经完全认不出，失去了以前的作用了。

外滩这些被神化了的石头建筑，几乎都是一百年前建的。这里的房地产价格比英国伦敦和美国纽约要高，而在建筑上，上海外滩也想超过这些西方国家。规模比品位重要，奢华比天赋重要。虽然在西方早已出现了改革运动，但外滩的建筑还是选择了奢华的新古典主义，汇聚了各种俗气之风。改革在上海一直都是个陌生词，因为这会破坏上海一直努力保持的不平衡。

外滩最引人注目的建筑，从来都是由维克多·沙逊创建的华懋饭店，即后来的和平饭店。它的尖绿顶如同一个火箭，从1929年起便是外滩的象征和路标。沙逊家族被视作远东的罗斯柴尔德家族。沙逊先生在商业、建筑业都是大亨，总是戴着一副单片眼镜，蓄着大髭须，据说是个非常情绪化的独裁者。他效仿的是英国贵族的生活方式，脑子里经常有各种怪主意，很是看重身份地位。华懋饭店的房间，铺有波斯地毯，装有莱俪水晶以及镶金窗帘。作为维基·包姆的小说《上海大饭店》的原型，华懋饭店获得了文学上的不朽。

想要参观华懋饭店，先会经历一件令人惊讶之事：饭店通往外滩的豪华旋转门被人用一条重重的铁链锁起来了。试问有哪个巴黎的酒店会将其通往香榭丽舍大街的门关起来？有哪个维也纳的酒店会将其通往环城大道的出口封闭？参观者只好摇摇头往边门的方向走去。

对此，没人有一个解释。应该是因为风水不好，有人猜测说。但这并没能阻止旁边的建筑将其通向外滩的大门打开。因为维克多·沙逊先生想这样，门房这样认为，就好像现在谁还会按照沙逊先生的意愿来行事似的。也没有人知道谁有铁链的钥匙。

但如果这根本就不是一扇门呢？至少不是在常见的三维空间的一扇门，也许是在第四维空间？也许我们是站在一架乔装的时间机器面前，一架能带我们回到另一个年代的机器？能带我们回到王先生和张女士的童年的机器?

1935年，维基·包姆横穿了太平洋，在船上度过了几周时间。《饭店里的人》在世界上大获成功，包姆绝无再写一部以饭店为主题的小说的计划，也没有写一部上海小说的打算。她只在上海停留了两三天，被人领着参观了这座城市，对上海并没有什么好感——上海太吵了，太脏了，太陌生了。晚上，她和医生、作家马克思·莫尔在华懋饭店的舞厅（宴会厅）见面，让他给自己打预防霍乱的针。两人之前都是乌尔斯坦出版社的作家，是那时候相识的。莫尔是维尔茨堡人，是第一批来黄浦江的移民。他一直努力在上海立足，好让妻子、女儿能跟着过来，但都没有成功。“现在要挺过几周难关，”他在给妻女的信中写道，“我的每一分芬尼都精打细算，登广告、黄铜牌、租金、衣服、仪器、两张竹床，这些加起来需要十个马克，还有等待室也有好些东西要弄。下周，我得设法弄到几百马克，但还不知道要去哪儿弄。”他自己也在试图写一本小说，但一直无果。不过，维基·包姆的下一个大胆文学尝试，他参与了很大一部分。

与来自远西的所有游客一样，维基·包姆对极为矛盾的上海的感觉是震惊的，同时也是倾倒的。“这么脏乱的地方，中国。这么美妙的国家，中国。……”然后，她登上了下一班开往香港的船。然后，三年后，她给上海奉上了一本六百页的小说。真是大刀阔斧！她在上海只待了三天，甚至都没有去有意识地查阅相关资料，竟然写出了这么厚的小说，可以说是破纪录的收获了，真的是维基版的“我来，我见，我征服”。

是什么让她改变了想法？上海在那段时期发生了什么，以至于她给这座城市奉上了这么厚重的小说？

事实上，当时在中国发生了战争。日本在中国东北站稳脚跟后，从1937年7月起试图将中国的整个海岸线置于其控制之下。约二十五万中国人、四万日本人死于这场围绕上海进行的淞沪会战。而来自西方的外国人则基本没有伤亡。他们中的很多人都详细描写了上海当时极度矛盾的状况。比如曾任红十字国际委员会代表的让·夏·德·瓦特维尔便这样写道：“距离我所居住的酒店不到一英里处，炸弹声、手榴弹声此起彼伏。废墟越来越多。我可以听到酒店房间下面，这座有着三百万人口的城市的车来车往，也可以看见别人打高尔夫、踢足球。夜晚时，防空灯代替了霓虹灯。”

维基·包姆不是唯一一位被淞沪会战吸引的作家。W. H. 奥登、克里斯多福·伊舍伍都带着如饥似渴的求知欲，出发来到战争中的上海：“老上海的脉搏还在跳动着，但看起来已注定要毁灭，就像一只被人遗留在沙漠的手表。”埃米莉·哈恩（项美丽）在《纽约客》杂志中便以她特有的冷淡、卖俏的混合口吻报道：“我们关注着战争的进展，就像关注一本小说一样。”

在这场会战中，到底还是有几名外国人死了。1937年8月14日，中国飞机袭击日本停靠在外滩黄浦江的军舰。不过，炸弹并没有投到黄浦江，而是误投到了华懋饭店和隔壁的汇中饭店以及更远一些的“大世界”娱乐城。也就是说，炸弹并非投在了前线，而是投到了被认为安全的公共租界区中心。

而远在加利福尼亚的维基·包姆阅读了相关的报纸报道，不，应该说是粗略浏览了相关的报纸报道。报道里有谈到“九名死者”，而这九名死者说的只是外国死者。因投弹失误导致一千七百名中国人死亡的事实，则显然被维基·包姆忽略了。然而，包姆因此获得了一个创作灵感——为何不描写“这九个人来上海的途径、他们的人生轨迹以及他们死亡的时刻”呢？说到就做到。一年的时间里，她就写出了《上海大饭店》，一半是用德语写的，一半是用英语写的。在第一部分，她描述了小说主人公们的人生故事，其中一位主人公是来自法兰克福的海恩医生。他努力在中国获得成功，好将妻子接来，但可惜一切都是徒劳。海恩医生的原型很显然是马克思·莫尔。还有另一个人物，即天赋异常但却过度敏感并有毒瘾的钢琴师库尔特，他的原型是克劳斯·曼（托马斯·曼的儿子）。十年前，他和姐姐艾莉卡也在黄浦江畔停留过。

将人物悉数设置在上海后，这个戏称自己是“二流作家中的一流作家”的维基·包姆，将自己的生命线编织为一张充满艺术性的小说地毯。每个人物都是在世界的不同角落出生，出生的时间也不同，但他们却死于同一天、同一个地点。

小说第二部分的英雄是上海这个城市——一个恐怖、污秽的英雄。“上海不是一个城市，”海恩医生愤愤地说道，“上海是一味毒药。来这里的人，都会发疯，而剩下的就由上海来解决。”末世论和挖苦调在上海越来越普遍。饭店的调酒师这样描述当时主流的对生命的感触：“上周有人在男卫生间开枪自杀。去年一对喝醉的夫妇从顶楼花园摔了下来，是十八楼。还有女人们！还有男人们！还有各种混合！先生，这是一个不信上帝，甚至连魔鬼也不相信的城市。”最后，炸弹如一个刑事法庭，在这个小世界爆开，宣告了上海和蛾摩拉的毁灭。

即使华懋饭店几年前又重新散发出光芒，但它从根本上并未从战争的灾难中恢复。华懋饭店与汇中饭店被合并在一起，成为和平饭店。

因为没有游客和商务人士的入住，和平饭店曾一度在垂死挣扎。经过多重改造，已经看不出它以前的模样了。二十世纪八十年代在和平饭店住过的客人称，餐厅里还有老鼠在大摇大摆地活动。那些年，许多装饰的物件、家具都消失了。不过，有一个古董却被重新打造了，那就是老爵士乐队。它至今仍在演出着战后的爵士乐，虽然仅剩两名创始人还活着。

几年前，和平饭店按照原风格进行大规模修缮后重新开业。饭店里有一个阁楼——有些词本身就应作为文物受到保护，阁楼便是这样的一个词。阁楼里有一个历史陈列室——和平博物馆。不过，博物馆里最重要的展品是馆长马永章。他在和平饭店已经工作了五十年，是这个饭店的精神所在。这是一个苗条、讲究的男人，穿着考究，脸上永远挂着暖暖的微笑。这么多年，

"除了总经理和理发师"，马永章几乎所有职位都担任过。他是从电梯操作员做起的。令人惊奇的是，这份工作他在一位"师傅"那儿学了三年，而这位师傅在沙逊时代起便在饭店做事了。难道说电梯有这么复杂？"不是的，但是这份工作，你可以这样做，也可以那样做。而我的老师要求很高。"这也是马永章直到今日依旧能用当时通用的各种语言向客人打招呼的原因，有英语、法语、德语、日语、俄语、荷兰语、葡萄牙语……

光是马永章这个名字，就让他看起来是天生的文物保护者。永是永远的意思，章则是文章、篇章的意思。陈列柜里装着印有"C. H. 花押"字样的银器、水晶杯以及各种中国工艺美术品。在1948年的英文菜单（冷蔬菜汤—巴黎大虾—牛舌—草莓蛋糕）和1952年的俄罗斯行李箱姓名牌间，有着历史的鸿沟。墙上挂着在饭店下榻过的名人照片，包括查理·卓别林、玛琳·黛德丽以及克林顿夫妇等。

虽然有这种种的怀旧气息，但对于上海来说，历史经常不被视作财富，而是被当作负担。现在的和平饭店，离其曾经的辉煌还相差甚远，甚至被人戏称为"老爷爷饭店"。来上海的客人不想要什么博物馆，而是要现代化的豪华酒店，要在这里感受浦东的人造奢华。凤凰一旦涅槃，便不想再知道自己最后一次在火中煎熬而后重生的过程了。

而从维基·包姆的《上海大饭店》中可以读到，骄傲的凤凰是如何燃烧的。小说以其令人无法抗拒的力量，走向了这一终结点："然后炸弹来了，炸毁了楼，埋葬了人，让一切的担心、恐怖、幸福、仇恨、生命走向了终结。对于我们一直以来陪伴的这九个人，除了他们死亡的瞬间，没有什么可以报道了。"

事实与维基·包姆的小说是有出入的。真正的死者中有一名美国大学生，他是一天前从礼查饭店搬到汇中饭店的，因为他觉得这里离前线更远、更安全。另一名死者是马克思·莫尔，他至少可以称得上是间接的受害者。因为不停歇的帮忙以及"魔鬼般的抢救"，他心力衰竭，死在了一辆出租车上。

很少有小说在出版时如《上海大饭店》这样紧贴时势。1939年《上海大饭店》出版时，上海的大难民潮才刚刚开始。而维克多·沙逊先生则是这场大难民潮中最重要的一位帮助者。他在华懋饭店给难民委员会提供了办公区。在随后出现的二手商品交易中，饭店的客人很快便可以买到梅森瓷器、莱茵银器、蔡司相机、《歌德全集》等，都是难民用来换钱的珍贵物什。最重要的是，沙逊将河滨大楼——当时上海最大、最先进的公寓大楼提供给来沪的难民作为临时接待站。淞沪会战爆发后，日本占领了上海，将上海引向了衰退，沙逊便将河滨大楼留给了欧洲的难民。

当时，几乎所有的欧洲难民都在这里度过了来沪的最初时光，直到他们怀着惴惴不安的心情在虹口居住下来，在王法良家和张小妮家附近居住下来。他们看到的，是一个完全未知的未来，但这至少是一个未来，而这都要感谢上海。

致　　谢

本文收录的故事中，有些段落、章节曾出版于*Frankfurter Rundschau*、*Tagesspiegel*、*stern.de*、*Zeit*、*Geo Saison*以及*Terra Mater*，非常感谢所有相关工作人员的鼎力配合。

也诚挚地感谢Till Bartels、Kathrin Brüggemeier、Jürgen Blume、Christiane Breustedt、Gottfried Derka、Lisa Eder、Gertraud Flegler、Josef Goldberger、Alice Grünfelder、Albrecht von der Heyden、Gabi von der Heyden、Peter Hibbard、Henry Hong、Tess Johnston、Johannes Küchler、Tilman Lesche、David Meyer、Lernidee Reisen、Frank Steinhoff、George Lindt、Susanne Messmer、Margot Litten、M on the Bund、Nicko Cruises、Ulrich Maeder、James Huang、Anike Müller、Martin Müller、Aurel von Richthofen、Wolfgang Röhr、Silvia Kettelhut、Michacl Skupin、Isabel Wolte以及毕争、储丹丹、郭爽、姬东、李民、蔺汝涛、吕晋、童童、宋欣岩、孙金荣、王法良、王富友、文学春、吴辉、欣然、徐玮超、荫放、尹安亮、

张凤志、张满堂、张一栋、香格里拉酒店集团以及商务印书馆。

感谢德国汉堡中国之旅的刘国胜，是他让我注意到了马街书会，我的大同之行也要感谢他。有像他这样，几十年如一日对自己国家的文化感到无比好奇的人，我想，这个国家一定是个很特别的国家。